平藤喜久子 著
ホリナルミ 絵

いきもので読む、日本の神話

身近な動物から異形のものまで集う世界

TOYOKAN BOOKS

はじめに

わたしたちの暮らしは、昔から、そして今も人間たちだけで成り立っているのではなく、たくさんのいきものたちとともにあります。

古代に残された神話や伝説を見てみると、日本の神々の世界にもさまざまないきものたちが存在し、神々や人間と関わりを持っていることがわかります。そこに描かれたいきものたちの姿は多様です。

たとえば蛇はたくさんの神話や伝説に登場しますが、ヤマタノオロチのように巨大で人を食う恐ろしい怪物もいれば、女性のもとを訪れる神が蛇の姿であったという話もあります。人々の敵でもあり、神でもあります。田んぼなどの水辺に住む蛇は、それだけ人の暮らしと深く関わるものとされていたのでしょう。

いきものの色に注目しても面白いことがわかります。白い鳥、白い鹿、白い猪などは神の化身です。白い犬が人を助ける話もあります。人間にとって味方になるかどうかはともかく、白い動物は特別な力を持つものと思われていたのかもしれません。

この本では、こうした神話や伝説に登場する人間以外の動物や想像上の存在を「いきもの」と呼ぶことにします。そして彼らの物語を八世紀にまとめられた古事記、日本書紀、風土記といった史料のなかからとりあげ、彼らが現れる場所によって「陸」「空」「海」と分けて紹介していきます。

意外な動物が意外な役割をしていたり、今は身近な動物が登場しなかったり。いきものの新しい発見がきっとあります。いきものを中心に神話を読んでみると、古代の人々が持っていた、いきものたちへの親しみや畏れ、自然との関わり方などが浮かび上がってくるでしょう。長年神話を研究してきた私も、いきものの視点で読んで気がついたこと、驚いたことがたくさんありました。

この本を読み終えたみなさんが、これから「いきもの」たちと出会ったときに、彼らが登場する神話を思い出すようになっていただけると幸いです。

平藤喜久子

もくじ

第三章　空のいきもの

古事記、日本書紀、風土記ってなに？

日本の神話は、どのように伝えられてきたのでしょうか。現在残っているもっとも古い神話の資料は奈良時代、八世紀初めに編纂された古事記です。その後少し遅れて日本書紀、風土記という文献も生まれました。これら奈良時代に編纂された古事記、日本書紀、風土記に記された神々の物語を「日本神話」と総称しています。それぞれに特徴のある文献なので、一つ一つ紹介していきましょう。

まずは古事記です。かつて、有力な氏族たちはそれぞれの家ごとに系譜などの歴史を伝えていたようです。自分の先祖は大変な活躍をしたんだぞ、神さまの子孫なんだぞと強調して伝えていたことでしょう。そうすると、一つの出来事についても家々の伝承によって異なった伝え方をすることになり、矛盾が生じてしまいます。それでは本当はなにがあったのかがわからなくなってしまいますね。

七世紀後半、壬申《じんしん》の乱という内乱を経験して即位した天武天皇《てんむてんのう》は、歴史を調べ直し、なにが真実かを定めて後の世に伝えたいと思いました。そこで選ばれたのが稗田阿礼《ひえだのあれ》という若者。暗記力の優れた人物だったようで、家々が持つ資料を彼に学ばせることにしました。天武天皇はその完成を見ずに亡くなってしまいますが、時は過ぎ、元明天皇《げんめいてんのう》の時代になると、真実の歴史を残す事業が再開されました。太安万侶《おおのやすまろ》という役人が抜擢され、彼は稗田阿礼が学んでいた資料をもとに歴史をまとめ上げます。七一二年に完成しました。それが古事記です。上・中・下の三巻から構成されていますが、そのうち上巻が「神代」で、神々の物語が記されています。中巻以降は「人代」とされますが、神武天皇《じんむてんのう》の物語やヤマトタケルの物語など、中巻以降にも神々が登場する話や不思議な出来事が多く記されています。この本のなかでも中巻や下巻に出てくる物語も紹介しています。

古事記には、日本でもともと使われていた大和言葉の「音」を外来の文字である漢字で表記する部分があります。たとえば「くらげ」という大和言葉を「海月」ではなく「久羅下」と記しています。口伝えだった神話を、そのままに伝えようと工夫したことがわかります。それは古事記が子孫たちに向けて編まれたものであることを示しているのでしょう。

一方の日本書紀は、当時の国際的な言語である純粋な漢文で中国の歴史書なども参考にして記されています。全部で三十巻あり、そのうちの巻一、巻二が神話となっています。タイトルに「日本」とついていることからもわかるように、日本はどういう国で、どんな歴史を持っているのかを国際的に示そうという目的で作られたと考えられます。編纂の責任者は舎人親王《とねりしんのう》という大変身分の高い人です。日本で最初の正式な歴史、「正史」と位置づけられ、七二〇年の成立後、朝廷でも尊重されていました。古事記との違いというと、古事記が一つの視点から神々の物語を描いているのに対し、日本書紀は一つのエピソードに対して、「一書」として複数の異伝を伝えています。このことからも、もともとは複数の資料があり、それぞれに異なった言い伝えがあったことがわかります。

奈良時代は、海外だけでなく地方にも目が向けられた時代でした。朝廷は大和から遠い地方を治めていく上で、それぞれの国の地名の由来や老人の言い伝え、土地の特産物などを報告させることにします。国々のレベルで編纂されたもの、それを風土記といいます。編纂を命じたのは七一三年のことでした。残念ながらすべての国々で作られた風土記が残っているわけではありません。現在伝えられているのは出雲《いずも》（島根）、播磨《はりま》（兵庫）、常陸《ひたち》（茨城）、豊後《ぶんご》（大分）、肥前《ひぜん》（佐賀、長崎）の五つの風土記で、なかでも完全な形で残っているのは出雲だけです。風土記に伝えられた地名の起源などを見てみると、神々の活躍が関わって名付けられたものが複数あります。その土地の風土記にしか登場しない地元の神さまもいます。これらも地方の貴重な神話資料でしょう。

この本では、たくさんの風土記の物語を紹介しています。なかには「山城国《やましろのくに》風土記逸文《ふどきいつぶん》」や「丹後《たんご》国風土記逸文」のように、「〜国風土記逸文」という資料が登場します。この「逸文」とは、その土地の「風土記」は失われているけれども、ほかの資料のなかに引用されるなどして伝えられたもののことをいいます。

子孫たちのために歴史を伝える古事記、国際社会のなかの日本を意識して編まれた日本書紀、地方の有り様を伝える風土記という、それぞれ異なった個性を持つこれら三つの資料が日本の神話を支えてきたのです。

この本の見方

紹介するいきものが引用元の神話の中で、
どんな存在として描かれているのかを示しています。
神の味方、人の味方……神や人の手助けをしたり、導いたりします。
神の敵、人の敵……神や人に危害を加えます。
神の姿……「いきもの」の姿で現れた神です。
神の犠牲……神々のやり取りの中で、命を落とします。
これらに当てはまらない、文化や地名の由来などは
古代文化とあらわしています。

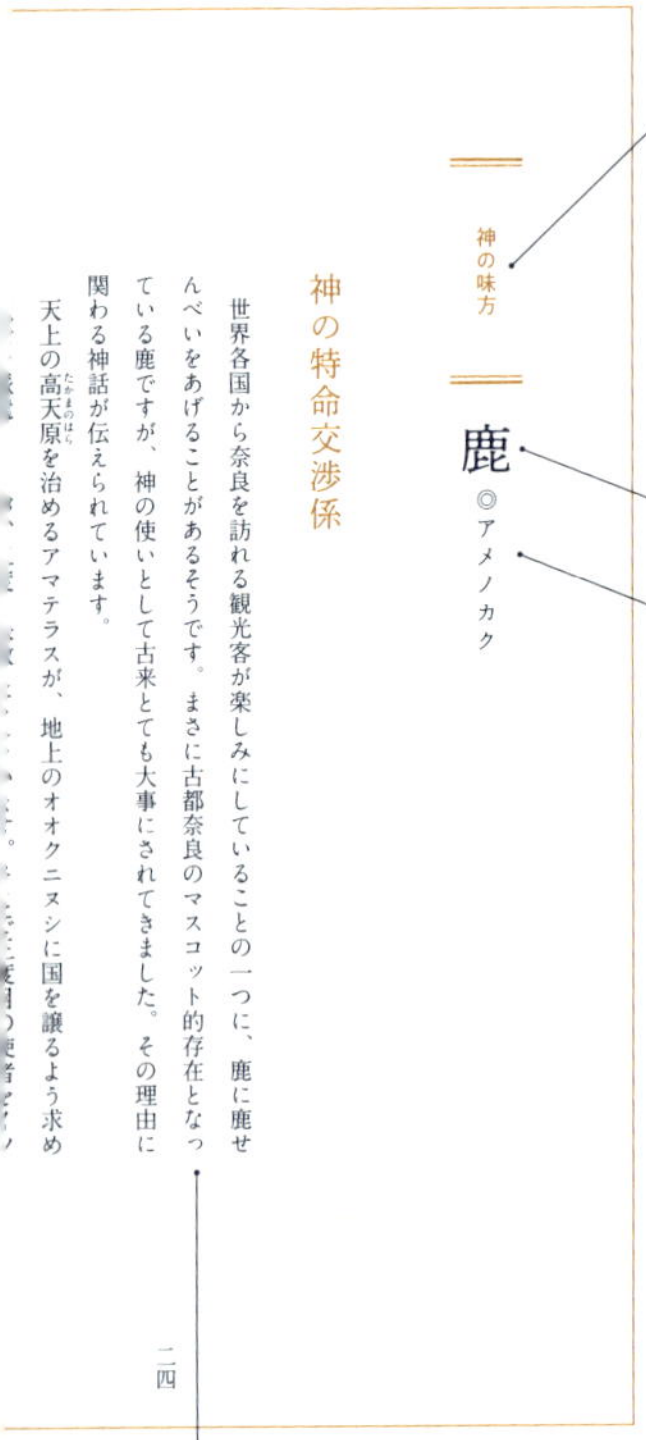

神の味方
鹿
◎アメノカク
神の特命交渉係
世界各国から奈良を訪れる観光客が楽しみにしていることの一つに、鹿に鹿せんべいをあげることがあるそうです。まさに古都奈良のマスコット的存在となっている鹿ですが、神の使いとして古来とても大事にされてきました。その理由に関わる神話が伝えられています。
天上の高天原《たかまのはら》を治めるアマテラスが、地上のオオクニヌシに国を譲るよう求め
二四

登場する動物の種類。

その動物の神話内での呼び方。

神話のなかでその動物がどのように紹介されているのかを解説します。

役を引き受けたタケミカヅチは、見事国譲りを成功に導くことになります。

このタケミカヅチが、奈良の春日大社《かすがたいしゃ》のご祭神となりました。もともと茨城県の鹿島神宮《かしまじんぐう》に祀《まつ》られていましたが、鹿に乗って奈良までやってきたとか。奈良の鹿たちは、国譲り成功のきっかけを作ったアメノカクの子孫かもしれませんね。

アメノカクの物語

「またその天尾羽張神は、逆に天安河の水を塞き上げて道を塞きてをる故に、他神は得行かじ。故、ことに天迦久神を遣はして問ふべし。」とまをしき。故ここに天迦久神を使はして、天尾羽張神に問はしし時に、答へ白ししく、「恐し。仕へまつらむ。然れども此の道には、わが子、建御雷神を遣はすべし。」とまをして、すなわち貢進りき。

古事記／上巻／建御雷神

第一章 陸のいきもの

二五

紹介した神話の本文です。古事記、日本書紀、風土記から抜粋しています。本文と照らし合わせることで、古文を読み解く楽しみ方もできます。

※古事記、日本書紀、風土記の本文は、岩波古典文学大系の『古事記・祝詞』、『日本書紀』（上、下）、『風土記』の書き下し文をもとに、筆者が作成いたしました。

第一章 陸のいきもの

神の味方

兎

◎因幡《いなば》の素兎

因幡の素兎の物語

ここに大穴牟遅神、その菟に教へのりたまひしく「今すみやかにこの水門にゆき、水をもちて汝が身を洗ひて、即ちその水門の蒲黄を取りて、敷き散らして、その上に輾轉べば、汝が身もとの肌のごと、必ずいえむ。」とのりたまひき。故、教のごとせしに、その身もとのごとくになりき。これ稲羽の素菟なり。いまに菟神といふ。

古事記／上巻／稲羽の素兎

文字どおり〝ひと皮むけて〟神になる

ウサギというと、ふさふさした毛の愛らしい姿とものを食べるときのかわいらしい仕草などでペットとして人気ですが、昔話では、ちょっと違うイメージがあります。「ウサギとカメ」では、のろまなカメを馬鹿にした態度をとって、けっきょくは競争に負けてしまうという、嫌みなくせに間抜けな存在。「かちかち山」では、おばあさんを殺したタヌキを、おじいさんに代わって懲らしめる、策略家の面が語られます。神話ではどうでしょうか。

神話に登場するウサギといえば因幡のシロウサギが有名です。地上を治めることになるオオクニヌシが、オオナムチという名で呼ばれ、兄弟に荷物持ちをさせられていた頃の話です。オオナムチは、兄弟たちがヤガミヒメのもとへ求婚をしに行く供をしているとき、皮を剥がされて泣いているウサギと出会います。

オオナムチが泣いているウサギにどうしたのかと尋ねてみると、こう答えます。「私は海の向こうの島に暮らしていましたが、こちら側に渡ってきたいと思い、ワニに、ワニの数とウサギの数、どちらが多いか比べようと持ちかけました。ワニが承諾したので、向こう岸まで一列で並ぶように言い、ワニを数えるふりをして背中をぴょんぴょん跳んで渡ってきました。あと少しのところで、うっかり『お前たちはだまされたんだ！』と言ってしまい、怒ったワニに皮を剥がされたのです。そこにあなたの兄弟たちがやってきて、海水に浸かった後で風に当たるといいと言うので、その通りにしたところ、ますます体が傷ついてしまったのです」。

それを聞いたオオナムチは、「今からすぐに真水で体を洗い、ガマの花粉をまき散らして、花粉が体につくように転がれば、きっと元通りになるでしょう」と教えてあげました。

言われたとおりにすると、ウサギの毛はすっかり元通りのふさふさに。

するとこのウサギは、オオナムチに対して「あなたは今は荷物持ちをさせられていますが、ヤガミヒメはきっとあなたと結婚すると言いますよ」と言います。ウサギの予言はあたり、ヤガミヒメはオオナムチと結婚したいと宣言します。

こうしてウサギは予言をする神「兎神《うさぎがみ》」となりました。兎神は、皮膚が生まれ変わったことから、美肌の神様、またオオナムチとヤガミヒメの結婚を予言したことから縁結びの神様とされ、鳥取市の海岸近くの「白兎神社《はくと》」に祀《まつ》られています。ワニをだまそうとして失敗し、皮をはがされてしまうなんて、なんとも情けないウサギが、いきなり神になるとは釈然としません。でも、このウサギは、瀕死の重傷を負い、そこから復活をしています。死の淵からよみがえるという、特別な体験は、ウサギを神へと大きく成長させることとなったのではないでしょうか。

さて、このウサギは一般に「因幡《いなば》の白兎」といわれるので、真っ白なウサギを思い浮かべがちですが、白とは白色のことではなく、「素」の意味。野生の茶色っぽい毛のウサギを指しています。古事記でも「素兎」と記されます。そしてウサギにだまされてしまう「ワニ」。現在ではは虫類のワニを思い浮かべますが、日本に野生のワニはいませんでした。そのため神話に出てくるワニがどういうものだったのかははっきりしません。サメのことを指すともいわれていますが、海に住む想像上の動物であった可能性もあるようです。「シロウサギ」も「ワニ」も、今の私たちが言葉から連想しているものとは違った姿をしていたようですね。

蛇

◎小蛇

小蛇の物語

明くるを待ちて櫛笥を見れば、まことに美麗しき小蛇あり。その長さ大さ衣紐のごとし。則ち驚きて叫啼ぶ。ときに大神恥ぢて、たちまちに人の形と化りたまふ。その妻にかたりてのたまはく、「汝、忍びずして吾に羞せつ。吾還りて、汝に羞せむ」とのたまふ。よりて大虚を踐みて、御諸山に登ります。

日本書紀／巻五／崇神天皇十年九月

驚いてはいけない夫の正体

謎めいたところのある人は、魅力的に見え、もっと知りたいという気にさせます。でもその人の本当の姿を知ってしまうことは、少し怖いようにも思います。そんな繊細な恋心は、神話の時代から続いているようです。

ギリシャ・ローマ神話の「エロス（ローマではクピド、アモール）とプシュケ」の物語では、人間のプシュケが夜だけ通ってくる夫の姿を見たいと思い、灯りを点《とも》して見たところ世にも美しい神エロスでした。ところが見られたことを知ったエロスは飛び去っていってしまいます。残されたプシュケは夫を探す旅に出ることになります。

日本書紀にも夜ごとに現れる謎の夫がいます。この夫は、三輪山《みわやま》の神でオオモノヌシといいます。妻は第七代孝霊《こうれい》天皇の皇女・ヤマトトビモモソヒメ。この夫婦はとても変わった生活を送っていました。夫が夜にだけ現れ、昼には姿を現さないのです。妻は一度も姿を見たことがない夫に対し、「あなたのお姿を一度見てみたいのです。日が高くなるまでわたしのもとに留まって下さい」と頼みます。するとオオモノヌシは「あなたの言うことはもっともだ。それならば朝あなたの櫛《くし》を入れる箱に入っているので、開けてみなさい。でも決して驚いてはいけませんよ」と、なんとも不思議な返事をしました。

明くる朝、箱を開けてみるとそこには美しい小蛇が。思わず驚いて声を上げてしまうと、オオモノヌシはすぐに人の姿となり、「私に恥をかかせたな。お前も恥をかくがいい！」と言って山へと飛び去ってしまいました。ヤマトトビモモソヒメは、去っていく夫の姿に声を上げてしまったことを後悔しますが、もうどうにもなりません。その場に座り込んだときに、箸で陰部を突いて亡くなってしまいました。

このヤマトトビモモソヒメの墓と伝えられているのが、奈良県桜井市にある箸《はし》墓《はか》古墳です。前方後円墳としては大変古く、とても大きなお墓です。その墓は昼は人が造り、夜は神が造ったといいます。どんな神が手伝ったのかはわかりませんが、別れたとはいえ、神の妻だったからでしょうか。立派なものにしたいと思

われたのかもしれません。
さて、蛇の姿をしていた三輪山《みわやま》の神オオモノヌシですが、古事記にも似た話が伝えられています。その神話でも、オオモノヌシは正体不明の夜にしか現れない夫です。そこで正体を探ろうと、妻は彼の着物の裾に麻糸を通した針を刺しました。明るくなってから糸の行方を訪ねてみると、糸は戸の鍵穴を通り、三輪山の神の社に続いていました。そこで夫が三輪山の神、オオモノヌシだとわかります。鍵穴を通るほど細い神、それは蛇の姿だったことを示すのでしょう。こうした神話から、現在でもこの神を祀る大神《おおみわ》神社に願い事がある人々の中には、蛇の好物だとされるお酒と卵をお供えされる方が多くいます。

鹿
◎アメノカク

神の特命交渉係

世界各国から奈良を訪れる観光客が楽しみにしていることの一つに、鹿に鹿せんべいをあげることがあるそうです。まさに古都奈良のマスコット的存在となっている鹿ですが、神の使いとして古来とても大事にされてきました。その理由に関わる神話が伝えられています。

天上の高天原《たかまのはら》を治めるアマテラスが、地上のオオクニヌシに国を譲るよう求める使者を派遣しますが、二度も失敗してしまいます。そこで三度目の使者をイッノオハバリとタケミカヅチに頼むことにします。しかし彼らは天《あめ》の安《やす》の川《かわ》の川上にある天《あめ》の石屋《いわや》という、神々でも行くことのできない険しい場所に住んでいました。そこで選ばれたのがアメノカク。鹿の神であると伝えられています。使者の役を引き受けたタケミカヅチは、見事国譲りを成功に導くことになります。
このタケミカヅチが、奈良の春日《かすが》大社《たいしゃ》のご祭神となりました。もともと茨城県の鹿島神宮《かしまじんぐう》に祀《まつ》られていましたが、鹿に乗って奈良までやってきたとか。奈良の鹿たちは、国譲り成功のきっかけを作ったアメノカクの子孫かもしれませんね。

アメノカクの物語

「またその天尾羽張神は、逆に天安河の水を塞き上げて道を塞きておる故に、他神は得行かじ。故、ことに天迦久神を遣はして問ふべし。」とまをしき。故ここに天迦久神を使はして、天尾羽張神に問はしし時に、答へ白ししく、「恐し。仕へまつらむ。然れども此の道には、わが子、建御雷神を遣はすべし。」とまをして、すなはち貢進りき。

古事記／上巻／建御雷神

犬

◎白い犬

古代にもいた働く犬

わたしたちにとってとても身近な動物である犬。日本人は、どうやら縄文時代には犬とともに暮らしていたようです。狩りなどを助ける役割を担っていたのでしょう。今でも盲導犬や警察犬など、わたしたちの生活を助け、安全を守るために働く犬がいます。伝説の英雄・ヤマトタケルも、犬のおかげで命拾いしました。

ヤマトタケルが、父の景行《けいこう》天皇の命を受け、朝廷に従わない者どもを征伐するために東国《とうごく》(関東甲信地方)を周っていたときのことです。信濃国《しなののくに》(今の長野県)で、山の神が、ヤマトタケルを苦しめようとして鹿の姿をして現れました。ヤマトタケルは、野蒜《のびる》を投げて応戦し、山の神を殺してしまいます。そのせいなのか、とたんに一行は道に迷い、どの方角に向かうのかもわからなくなってしまいました。

ヤマトタケルたちがおろおろしていると、どこからともなく白い犬が現れ、一行を案内しようとするそぶりを見せます。そこでその犬についていったところ、無事に美濃国、いまの岐阜県の方へと抜けることができました。
山で狩りを助けてきた犬だからこそ、こうしたときに頼りになるのでしょう。

白い犬の物語

ここに王、たちまちに道を失ひて、出づる所を知らず。時に白き狗、おのづからにきて、王を導きまつる形あり。狗にしたがひていでまして、美濃に出づること得つ。

日本書紀／巻七／景行天皇四十年是歳

神の姿

猪

◎白い猪

白い猪の物語

その山にのぼりましし時、白猪山の辺に逢へり。その大きさ牛のごとくなりき。ここに言挙して詔りたまひしく、「是の白猪に化れるは、その神の使者ぞ。今殺さずとも、還らむ時に殺さむ。」とのりたまひてのぼり坐しき。是に大氷雨をふらして、倭建命を打ち惑はしき。

古事記／中巻／景行天皇小碓命の東伐

白は神の化身の色

どんなに勇ましく、強い英雄であっても、人間であるかぎり不死身ではありません。百戦錬磨の英雄・ヤマトタケルも、とうとう倒れる日がやってきます。その相手は、白い猪の姿をした神でした。

岐阜県と滋賀県の県境に伊吹山《いぶきやま》という標高一三〇〇メートルほどの山があります。東海道新幹線からもよく見えるその山は、春先でも雪が積もり、ひときわ険しそうです。現在は山頂近くまで車で行けますが、古代には容易に人を寄せ付けない山でした。この山の神が、ヤマトタケルに死をもたらした白い猪です。

古事記によると、大和を出たヤマトタケルは、伊勢神宮に詣でた後、尾張国《おわりのくに》（今の愛知県）から東国《とうごく》へと出発し、天皇に従わない山や川の神や人を次々と攻め倒し、尾張国へと戻ってきました。大仕事を成し遂げて意気揚々のヤマトタケルは、ミヤズヒメに結婚（性交）を迫ります。しかし、習わしとしては性交は控えるべきとされていた月経の時期であったミヤズヒメは困ってしまいます。旅立つ前に婚約をしていたとはいえ、ヤマトタケルはかなり強引にことを進めたのです。

そして出かけたのが伊吹山《いぶきやま》の神の討ち取りです。いつも持っていた草薙剣《くさなぎのつるぎ》をミヤズヒメのもとに置いたまま。こうしたヤマトタケルの行動のウラには、連戦連勝へのおごりや、もう旅も終わるという気の緩みもあったのかもしれません。しかし、相手の伊吹山の神は侮ってはいけない神でした。

白くて牛のように大きな猪が現れたのは、ヤマトタケルが「伊吹山の神は素手で討ち取ってやろう」と言い放ったときでした。さらにヤマトタケルは、大きな声で「猪の姿になっているのは、神ではなくて神の使いだぞ。今は殺さないで、帰りに退治しよう！」と言い切りました。しかしその猪は、使いではなく神そのものでした。神は軽く見られたことに怒ったのか、激しい氷雨を降らせます。その雨に打たれたヤマトタケルは前後不覚に陥り、なんとか山を降りて休息しますが、もう体は衰弱しきっていました。とうとう能褒野《のぼの》（三重県の亀山市）の地で力尽き、故郷の大和を想う歌を歌い、亡くなります。

ヤマトタケルは、ピンチを救ってくれた相棒の草薙剣を持たずに伊吹山の神に

向かいました。それが敗北の原因ともいわれます。また戦いの前に生理中の女性と交わるという血の穢《けが》れとの接触が原因とも。いろいろな理由が考えられますが、古事記を読むと、猪が現れたときに、本当は山の神なのに、「神ではなくて神の使いだ」と間違った宣言をした、ということがもっとも良くなかったとわかります。

白いというと、「無垢」「清浄」といったイメージがあり、悪役のイメージとは少し違うように思われるかもしれませんが、神の化身としての色でもあるのです。神話には白い犬や白い猪、白い鹿が登場しますが、敵味方は関係なく、神の化身は白色であらわされているようです。

オオカミ

◎大口真神《おおぐちまかみ》

人食いと人助けの二つの顔

童話では、人や小さな動物を食い殺す悪役と決まっているオオカミ。「赤ずきん」で、「お前を食べるためだよ！」と大きく口を開けるシーンは、物語のクライマックスです。日本の神話にもまさに、〝大きな口〟のオオカミが登場します。

かつて奈良の飛鳥の地にも、老いたオオカミがいたそうです。そのオオカミは、たくさんの人を食べたので、土地の人々は、恐れて「大口《おおぐち》の神」と呼び、その場所を大口の真神原《まかみはら》と呼んでいました。

武州御岳山《ぶしゅうみたけさん》では、ヤマトタケルの道案内をした白い犬（二一六頁）は、ニホンオオカミのことで、大口真神だと伝えています。恐ろしいオオカミですが、作物を食い荒らすネズミなどの動物を駆除するありがたい動物でもありました。そこ

から魔除けの力があるとされるようになります。現在の武蔵《むさし》御嶽《みたけ》神社では神の眷《けん》属《ぞく》つまり神に従う者とされ、狛犬にもなり、お札にも描かれています。今では、ペットの守り神として慕われるようになり、愛犬と一緒に参拝する人が増えています。元々の恐ろしい存在から、大きくイメージチェンジを遂げています。

大口真神の物語

むかし明日香の地に老狼ありて、おほく人を食ふ。土民畏れて大口の神といふ。その住むところを名付けて大口眞神原という。

風土記／大和国風土記逸文

熊

◎大熊

大熊の物語

故、神倭伊波礼毘古命、そこより廻り幸でまして、熊野村に到りましし時に、大熊ほのかに出で入りて即ち失せき。ここに神倭伊波礼毘古命、にはかにをえまし、また御軍も皆をえて伏しき。

古事記／中巻／神武天皇東征

見ただけで気を失わせる巨体

恐ろしくもあり、尊くもあり、愛おしくもあり、古今東西で人間と深い関わりを持っている熊。そのためでしょうか、さまざまな地域で熊をめぐる神話が伝えられています。ギリシャ神話では、最高神ゼウスに愛され、身ごもったカリストがゼウスの妻ヘラの嫉妬によって熊に変えられてしまい、後にその子とともにおおぐま座、こぐま座として空の星座となりました。朝鮮の神話では、熊が一〇〇日の間日の光を浴びず、与えられたものだけ食べて過ごし、人間の女性になることに成功し、天帝の息子と結ばれて建国の祖「檀君《だんくん》」を産んだと伝えています。アイヌの人々は、熊をカムイ（神）が人間の世界にやってきた姿と考え、その魂を元の世界に送るためにイヨマンテという儀礼をすることで知られています。このように熊を特別な存在とみる文化は多くあります。

日本ではどうでしょうか。古事記では、熊は後に初代神武天皇《じんむてんのう》として即位することになるカムヤマトイワレビコの前に、大きく立ちはだかる存在として登場します。日向《ひゅうが》（今の宮崎県）を発ち、東を目指すカムヤマトイワレビコ一行は、熊野（今の和歌山県と三重県にまたがる紀伊半島南端）へとやってきます。上陸した場所は明確ではありませんが、彼らが熊野村へとやってくると、大きな熊がちらりと見え隠れし、そのまいなくなりました。そのときカムヤマトイワレビコも、また彼に付き従っていた軍勢も、熊を目にした者たちがみな正気を失って倒れてしまいます。見ただけで熊の毒気に当たってしまったのです。熊は歯向かう神の化身として、かなりの強敵として描かれています。

そんな荒ぶる熊を倒したのは、熊野に暮らす高倉下《たかくらじ》という人物が持参した太刀。カムヤマトイワレビコがいち早く目を覚まし、「なんとまぁ長く寝てしまったなぁ」とのんきな感想を口にしつつ、太刀を受け取ります。すると熊はたちまち剣で切り倒されてしまったのでした。ここでようやく倒れていた他の者たちも、目を覚ましました。

不思議な力を発揮した剣のいわれを高倉下に尋ねると、夢のなかでアマテラスたちが地上の様子を心配し、タケミカヅチになんとかするように命じていたとい

います。タケミカヅチは自分の剣を高倉下の倉に落とし入れておくと言っていたので、目が覚めてから見に行くと、夢の通りに剣があったとか。高倉下はその剣を持ってカムヤマトイワレビコたちのもとへと駆けつけたというわけでした。

うっそうと木々が茂る熊野は、のちに山岳信仰が盛んとなり、多くの人々が参詣に訪れるようになります。二〇〇四年には「紀伊山地の霊場と参詣道」が世界遺産に指定され、世界中から観光客が訪れています。参詣道周辺では、熊の目撃情報もあるそうです。荒ぶる神はひょっとしたら今も熊の姿で、わたしたちのそばに現れているのかもしれませんね。

神の姿

鹿

◎白い鹿

内と外の境目に生きる鹿

神はさまざまな動物の姿で現れます。しかし、やはりどこか普通の動物とは違います。鹿といえば茶色に白の斑点が特徴ですが、神が変身している鹿は、白い鹿だったりします。ヤマトタケルの前に現れた神も白い猪。白は特別であることを示すのでしょう。東国《とうごく》を吾妻《あづま》と書く、その由来の話に白い鹿が登場します。

ヤマトタケルが朝廷の敵を倒すために東国にいるとき、海で妻を失います。悲しみのなか、足柄峠《あしがらとうげ》（今の神奈川県と静岡県の境）の麓で食事をしていると、その坂の神が白い鹿となって現れました。鹿は、ヤマトタケルに食べ残しの野蒜《のびる》を投げつけられ、目に命中。ひるんだところを打ち殺されます。ヤマトタケルは坂の上に立ち、亡くした妻を思い「あづまはや（わたしの妻よ）」と嘆いた……というのが地名の起源です。

鹿は悪くないように思えますが、坂は、わたしたちの世界と山など外の世界との境目で、悪い神や災いが入り込む場所とされました。坂の神の退治は、これで国の平定が成し遂げられたことを意味するのでしょう。

白い鹿の物語

足柄の坂本に到りて、御粮食すところに、その坂の神、白き鹿に化りて来立ちき。ここにすなわちその咋ひ遣したまひし蒜の片端をもちて、待ち打ちたまへば、其の目に中りて乃ち打ち殺したまひき。故、其の坂に登り立ちて、三たび歎かして、「あづまはや」とのりたまひき。

古事記／中巻／景行天皇小碓命の東伐

神の姿

蛇
◎大蛇

蛇をまたいで死に至る

ヤマトタケルの死の原因となった伊吹山《いぶきやま》の神は、古事記では白い猪となって現れました（二八頁）。しかし日本書紀では、大きな蛇だといっています。

ミヤズヒメのもとに滞在していたヤマトタケルは、あるとき伊吹山に荒ぶる神がいると聞きます。そこで草薙剣《くさなぎのつるぎ》をミヤズヒメのもとに置き、なにも持たずに退治をしに出かけます。伊吹山に着くと、そこには山の神が大きな蛇の姿となって道に横たわっていました。ヤマトタケルは、その蛇こそが山の神そのものであるとは思わずに、「この蛇は荒ぶる神の使いなのだろう。使いではなく神を殺すことができれば、使いなどどうにでもなる」と言って蛇をまたいで進んでいきます。山の神はそこで雲を起こして雨を降らせ、峰には霧を出し、谷は暗くしてしまいます。ヤマトタケルは進むことも戻ることもできず、道に迷い、なんとか霧を抜けることができたものの、気が動転してふらふらになってしまいます。この出来事がきっかけとなり、ヤマトタケルは亡くなってしまうこととなりました。たかが蛇と侮らず、その蛇の正体を見極めることが肝要だったということです。

大蛇の物語

膽吹山にいたるに、山の神、大蛇に化りて道にあたれり。ここに日本武尊、主神の蛇と化れるを知らずしてのたまはく、「この大蛇は、ふつくに荒ぶる神の使ならむ。すでに主神を殺すこと得てば、その使者はあに求むるに足らむや」とのたまふ。よりて、蛇を跨えてなほ行でます。

日本書紀／巻七／景行天皇四十年是歳

蛇

◎蛇

生まれた子供は蛇だった

蛇は毒を持つものもあり、できることならあまり出会いたくない動物。しかし、そんな蛇を産んだ女性の話が常陸《ひたち》国風土記に伝えられています。

ヌカビメは兄のヌカビコと二人で暮らしていました。そこにあるとき求婚者が現れ、一夜を過ごし、身ごもります。生まれてきたのは小さな蛇でした。それは不思議な蛇で、夜が明けると口がきけないのですが、暗くなると母と語り合います。母は兄とともに不思議がり、きっと神の子なのだろうと思います。そこで貴い子として清めた器に小蛇をいれ、祭壇に置きました。すると朝になると器一杯に成長しています。次に平たい器に入れて置くと、また一杯に成長します。三度四度と器を変え、とうとう入る器がなくなりました。母が蛇にもう養育できないので父である神のところに行くよう告げます。逆上した蛇は恨んでヌカビコを雷で撃って殺し、天に昇ろうとしますが、驚いた母が投げた器が当たり、昇ることができず、山に留まったといいます。蛇は、水の神とされ、雷神と結びつけて考えられていました。この神話からも蛇と雷の結びつきを知ることができます。

蛇の物語

産むべき月になりて、つひに小さき蛇を生めり。明くれば言とはぬがごとく、闇るれば母と語る。ここに、母と伯と、驚き奇しみ、心に神の子ならむとおもひ、すなはち、浄き杯に盛りて、壇を設けて安置けり。一夜の間に、すでに杯の中に満ちぬ。

風土記／常陸国風土記／那賀郡

神の味方

ネズミ

◎ネズミ

ネズミの物語

ここに出でむところを知らざる間に、鼠来て云ひけらく、「内はほらほら、外はすぶすぶ。」といひき。かく言へるゆゑに、そこを踏みしかば、落ちて隠り入りし間に火は焼け過ぎき。ここにその鼠、その鳴鏑を咋ひ持ちて、出で来て奉りき。その矢の羽は、その鼠の子等皆くひつ。

古事記／上巻／根国訪問

ネズミは神より一枚上手

ネズミは作物などを食い荒らしたり、感染症拡大の原因にもなるため、害獣とされています。ネズミの害を防ぐために天敵の猫を飼うこともあり、アニメの「トムとジェリー」のような作品が生まれました。この作品では、猫のトムがちょっとうっかりしている一方で、ネズミのジェリーは賢く、抜け目のない性格です。どうやらネズミには賢い動物というイメージもあり、災害が起こることを察して行動するとも。神話のなかでは、そうした危機を察する賢さが描かれています。オオクニヌシもネズミの賢さに助けられた一人です。

オオクニヌシは、ヤガミヒメに夫として選ばれたため、ライバルであった兄弟たちに大変な恨みを買うこととなり、何度も殺されかけていました。このままでは本当に殺されそうなので、祖先であるスサノオに助けを乞うため、根《ね》の国へと向かいます。ところがそこでスサノオの娘のスセリビメと結ばれてしまいます。となると、スサノオにとってオオクニヌシは娘を奪うかもしれない男。結局オオクニヌシはスサノオからもさまざまな試練を与えられることになりました。

まずは、蛇がうようよいる部屋やムカデと蜂の部屋に寝かされます。スセリビメが蛇のヒレ（ストールのようなもの）を与え、それを振ることで蛇は静まり、眠ることができました。次の日はムカデと蜂の部屋です。このときもスセリビメがそれぞれにヒレをくれ、無事に過ごすことができました。

次にスサノオは、野原に鏑矢《かぶらや》を放ち、その矢を探してくるように命じます。オオクニヌシが探しにいくと、なんとそこに火を放ちました。たちまち火に囲まれるオオクニヌシ。逃げ場がなく、絶体絶命。そこに一匹のネズミがやってきて「内はほらほら、外はすぶすぶ」と言います。中はほら（空洞）で、上はすぼまっていると言っているようです。オオクニヌシが地面を踏んでみると、下はやはり空洞。そこに身を潜めていると、地面の上を火が通り過ぎていきました。ほっとしているところにネズミが先ほどの鏑矢を持ってきてくれました。

スサノオはオオクニヌシが死んだと思い、スセリビメと葬儀の準備をはじめます。そこにオオクニヌシは鏑矢を持ってやってきました。スサノオによる試練を

見事ネズミの手助けで乗り越えたことになります。

この神話からオオクニヌシの神使はネズミとなります。オオクニヌシを祀る神社には、狛犬ならぬ狛鼠《こまねずみ》が置かれるところもあります。たとえば京都の大豊神社《おおとよじんじゃ》にある大国社《だいこくしゃ》には狛鼠があり、かわいらしい姿のネズミが神前にたたずんでいます。

神の味方

ヒキガエル

◎タニグク

神より物知りなカエル

地上を這うように動き回るカエル。あちこちにいることから、国の中のすみずみまで知っている存在と思われていたようです。ヒキガエルを意味する「タニグク」は物知りな動物として古事記や万葉集に登場します。

あるとき地上を治めるオオクニヌシのもとに、船に乗ったとても小さな神がやってきました。鳥の羽を衣にするという、奇妙な装いのその神は、名前を聞いても答えません。周りの神々に尋ねても、みな知らないと言います。そこにタニグクが「これはクエビコに聞けばわかります」と教えました。クエビコとはカカシのこと。さっそく呼んできて聞くと、「カムムスヒの子でスクナビコナです」とたちどころに答えました。天にいるカムムスヒの手の指の間から落ちてしまった神だったのです。カムムスヒの命で、この後オオクニヌシとスクナビコナは兄弟となって国作りをはじめます。

指の間から落ちるほど小さいスクナビコナは、植物の種のような神でしょう。だからこそその正体を明かすのに田や畑にいるタニグクが一役買ったのだと考えられます。

タニグクの物語

また所従の諸神に問はせども、皆「知らず。」と白しき。ここに多迩具久まをしつらく、「こは久延毘古ぞ必ず知りつらむ。」とまをしつれば、すなわち久延毘古を召して問はす時に、「こは神産巣日神の御子、少名毘古那神ぞ。」と答へ白しき。

古事記／上巻／大国主命

馬

◎天の斑馬

天の斑馬の物語

天照大御神、忌服屋に坐して、神御衣織らしめたまひし時、その服屋の頂を穿ち、天の斑馬を逆剥ぎに剥ぎて堕し入るる時に、天の服織女、見驚きて、梭に陰上を衝きて死にき。

かれここに天照大御神、見畏みて、天の石屋戸を開きてさしこもり坐しき。

古事記／上巻／須佐之男命の勝さび

こじれた神たちの犠牲に

「馬の耳に念仏」、「生き馬の目を抜く」、「馬耳東風」などなど、馬にまつわる慣用句、ことわざは多くあります。時代劇にも馬はつきもの。侍が馬に乗る場面は誰しも思い浮かべることができるでしょう。乗り物として、また農耕を助ける動物として、日本人は古くから馬とつきあってきました。その証拠の一つに古墳時代、五世紀以降になると、遺跡から多数の馬形埴輪《うまがたはにわ》が出土するようになります。馬を飼うことが定着したことを意味していると考えられています。その馬形埴輪の多くは、立派な鞍などの馬具がつけられ、鈴もつけられ、たてがみも整えられるなど、飾り立てられています。おそらく馬は、古代の権力者の力のシンボルでもあったのでしょう。神話でも、最高神アマテラスのいる高天原《たかまのはら》に馬が暮らしていたとされています。アマテラスが大切にしていたであろう馬がとんだ災難に遭うことで、世界を一変させる大事件が起こります。

アマテラス、ツクヨミ、スサノオはイザナキが禊《みそぎ》をしたときに生まれました。

貴い子だということで三貴子《さんきし》といいます。イザナキは、アマテラスには天の高天原《たかまのはら》を、ツクヨミには夜の世界を、スサノオには海原を治めるように命じました。ところがスサノオだけはいうことを聞かず、泣きわめいてばかりいるため、追い出してしまうことにします。するとスサノオは姉のアマテラスのいる高天原に向かいますが、アマテラスは、てっきりスサノオが高天原を奪いにきたのだと思います。しかしスサノオにそのつもりはありません。どちらの言い分が正しいのかを明らかにするため、二神はそれぞれの持ち物から子供を産み出し合うという占いをして決めることにします。アマテラスの持ち物からは五柱の男神が、スサノオの持ち物からは三柱の女神が生まれました。そこでスサノオは、「自分に荒々しい気持ちなどないからこそ、か弱い女神が生まれたのだ。自分が正しかったのだ!勝ったのだ!」と宣言して、勢いに乗って大暴れをはじめます。

アマテラスが高天原で作っている田んぼを壊してまわったり、その田んぼで取れた米を食するための神聖な建物に糞をまき散らしたり。アマテラスは、自分がスサノオを疑ってしまったことが原因だからか、彼の乱暴を止めようとはせず、

「糞に見えるものは、酔っ払って吐いてしまったのでしょう。田んぼを壊しているのは、土地をあらためて整理しようとしているのでしょう」とかばいます。スサノオの乱暴は、さらにひどくなります。

あるときアマテラスが機織女《はたおりめ》たちに機織をさせていると、スサノオは、その建物の天井に穴をあけ、尻のほうから皮を剥ぐという逆はぎにした斑のある馬を落としました。天井からそんな馬が落ちてきたのですから、現場はパニックです。機織女の一人が、機織に使う道具で陰部を打ってしまい、亡くなりました。

皮を剥いだ馬、そしてそれによって引き起こされた機織女の死。アマテラスはあまりの出来事に、恐れをなし、天の石屋に閉じこもってしまうことになります。そして世界は暗闇に包まれ、大混乱がもたらされることになるのです。

機織女の死も衝撃的だったとは思いますが、馬を心底可愛がっていたからこそ、そのショックに耐えきれなかったのではないでしょうか。

神の敵

蛇

◎ヤマタノオロチ

ヤマタノオロチの物語

ここに「その形はいかに。」と問ひたまへば、答へ白ししく、「その目は赤かがちの如くして、身一つに八頭八尾あり。亦その身に蘿と桧椙と生ひ、その長は谷八谷峡八尾にわたりて、その腹を見れば、悉に常に血爛れつ。」とまをしき。

古事記／上巻／須佐之男命の大蛇退治

八つの頭、八つの尾をもつ怪物

蛇は金運をもたらす縁起のよい動物とされる一方で、怖い動物の代表格です。人間が蛇を怖がるのは生まれつきであるという研究もあります。蛇を見たこともない小さな子供でも、蛇を怖がるからです。その理由は、わたしたちの遠い祖先が狩猟や採集生活をしていた頃に、身近にあった危険だったからだといいます。その太古の記憶が人間の習性として受け継がれている可能性があるのだそうです。そう考えると、世界中の英雄の神話で蛇や龍が退治されるのも納得がいくように思います。

日本神話に登場する蛇といえばヤマタノオロチでしょう。そのヤマタノオロチを退治したのは、高天原《たかまのはら》で乱暴を働き、追い払われたスサノオでした。

スサノオは出雲へとやってきます。ふと川を見てみると、箸が流れてきます。ということは箸を使う人が川上のほうに住んでいるということ。スサノオが上流へと向かっていくと、老夫婦と少女の三人が泣いています。なぜ泣いているのかと聞いてみると、テナヅチというその老人は、「わたしには娘が八人もいたのに、ヤマタノオロチが毎年やってきて食べてしまい、残ったのはただ一人。そしてまたオロチがやって来る時期になったのです。それで泣いているのです」と言います。ヤマタノオロチとは、目は真っ赤なほおずきのようで、体が一つで頭が八つ、尾が八つあり、谷を八つ渡るほど大きな体には、コケやヒノキ、杉の木が生えているといいます。さらに腹部は血まみれで真っ赤にただれているとか。その様子を聞いたスサノオは、恐れるどころか、テナヅチの娘のクシナダヒメとの結婚を条件に、退治することを約束します。

スサノオはまず、クシナダヒメの姿をクシに変え、自分の髪に刺します。そしてテナヅチ夫婦に、何度も何度も繰り返し醸造した強い酒を造らせ、その上で垣根を作りめぐらせます。その垣根に八つの入り口を作り、入り口ごとに醸した酒を器に入れて置かせます。準備をして待っているところ、ヤマタノオロチがやってきました。テナヅチの言うとおり、恐ろしい姿をしています。オロチは、酒を見ると、八つの頭すべてをそれぞれ器に突っ込んで飲みはじめました。強いお酒だったので、オロチは酔っ払って眠ってしまいます。オロチはそのままスサノオに切り散らされ、どくどくと流れる血で川を真っ赤に染めました。

　こうしているうちに、スサノオの剣が欠けます。どうやらオロチの尾の中にもっと固いなにかがあるようです。その部分を切り裂いてみると、立派な剣が出てきました。スサノオは珍しい剣だと思い、高天原のアマテラスに献上することにします。そうしてスサノオは救ったクシナダヒメと結婚することになりました。

　さて、ヤマタノオロチの尾から出てきた剣は、のちに天から地上に下され、ヤマトタケルが所持し、草をなぎ払って窮地を脱したことから草薙剣《くさなぎのつるぎ》と呼ばれることになります。鏡、八尺の勾玉《まがたま》とともに、皇位の象徴とされる三種の神器の一つです。平安末期に平家一門が壇ノ浦に身を投げるとき、安徳《あんとく》天皇とともに沈み、探索したけれども見つからなかったといいます。そのため中世には、ヤマタノオロチが殺され、剣を奪われたことを恨みに思い、八歳の安徳天皇となって剣を取り返したのだという伝説も生まれました。ヘビは執念深いといいますが、そんなヘビのイメージも、この伝説には関わっているのかもしれませんね。

蛇

◎ヒナガヒメ

初恋の人の正体は……

一目惚れをすると、なかなか相手の悪いところは目に入らないもの。後になって「こんな人だったとは」と幻滅することも少なくないでしょう。神話には、相手の本当の姿を知らずに結婚し、あとでワニや蛇だったことがわかる話があります。人間以外の相手との結婚を異類婚と呼び、神話や昔話にはしばしば見られます。

この物語の主人公、垂仁天皇《すいにんてんのう》の皇子ホムチワケの相手は蛇でした。ホムチワケは大人になっても、まったく話すことができず、天皇を心配させていましたが、あるとき出雲の神を参拝させると、たちまち言葉を発し、話せるようになりました。さっそく出雲でヒナガヒメという美女と一夜を過ごすことになります。夜中にこっそり彼女の様子を見てみると、なんとその姿は蛇でした。驚いたホムチワケは、一目散に逃げ出します。悲しんだヒナガヒメは海を照らしながら船で追いかけてきます。ますます怖くなったホムチワケは、山のほうから大和へと逃げ帰っていきました。結果的には皇子を恐怖に陥れることになるので〝敵〟としましたが、好いた男に急に態度を翻された悲恋のヒロインともとれますね。

ヒナガヒメの物語

ここにその御子、一宿肥長比賣と婚ひしましき。かれ、ひそかにその美人をみたまへば、蛇なりき。すなわち見畏みて遁逃げたまひき。ここにその肥長比売うれひて、海原を光して船より追ひ来たりき。かれ、ますます見畏みて、山のたわより御船を引き越して逃げ上り行でましき。

古事記／中巻／垂仁天皇本牟智和気王

人の敵

鬼

◎目一つの鬼

目一つの鬼の物語

昔、ある人、ここに山田を佃りて守りき。その時、目一つの鬼来たりて、佃る人の男を食ひき。その時、男の父母、竹原の中に隠りてをりし時に、竹の葉動げり。その時、食はるる男、「動動（あよあよ）」といひき。かれ、阿欲（あよ）といふ。

風土記／出雲国風土記／大原郡

異形の人喰い怪物

鬼というと、角があったり牙があったりと恐ろしい形相が思い浮かびます。もともと鬼は、「隠《おん》」という隠れて見えないものを意味する言葉から生まれました。得体の知れない恐ろしい存在だったのでしょう。次第に自分たちと違う恐ろしい姿を具体的にイメージするようになり、牛のような角を持ち、虎のパンツをはいたり、赤鬼、青鬼のように人間とまったく異なった姿で考えられるようになりました。桃太郎や一寸法師で退治される鬼も、そのような異形の姿で描かれています。

鬼が登場するもっとも古い物語が出雲国風土記にあります。その鬼は、目が一つしかないという姿でした。

出雲国の大原郡に「阿用《あよ》の郷《こおり》」という土地があります。「あよ」という地名には、恐ろしい由来がありました。

昔ある人がその土地で田んぼを作っていました。そこに一つ目の鬼がやってきて、田を作った人の息子を食べてしまいました。息子の両親は、竹藪のなかで鬼に見つからないようじっと隠れていましたが、竹の葉が揺れます。そのとき息子は鬼に食われながら「あよ、あよ」と言ったそうです。そこでその土地を「あよ」というようになったとか。食べられながら発した「あよ、あよ」という言葉は、竹笹が「揺れてる、揺れてる」という意味です。両親に危険を知らせ、救おうとした、とも考えられますし、そんなことを口に出せば鬼にもわかってしまいますので、自分を見捨てようとした両親を恨みに思って発したとも考えられます。いずれにしても目一つの鬼は、人を食らう恐ろしい存在です。

目が一つというと、神話には天目一箇神《あめのまひとつのかみ》というやはり目が一つであることを連想させる神がいます。日本書紀では、「作金者《かなだくみ》」という役割を与えられたとされ、鍛冶《かじ》の神と考えられています。面白いことにギリシャ神話にもキュクロプスという目が一つの鍛冶の神が登場します。大地の神ガイアと天空の神ウラノスの間に生まれた子で、最高神ゼウスに雷を作ったり、ポセイドンに三つ叉《また》の矛《ほこ》を作ってやったりする神です。鍛冶の作業で火が飛んで目がつぶれることがあるため、一つ目のイメージと鍛冶が結びついたともいわれています。

出雲の目一つ鬼は鍛冶の神と描かれているわけではありません。ですが、目が一つということが、鍛冶の神の特徴であるとすると、恐ろしい目一つ鬼にも、実は隠れた鍛冶という特技があったのかもしれません。

蛇

◎夜刀神《やとのかみ》

蛇も天皇には逆らえない

水辺を好む蛇は、水神とされることも多く、田の神として祀《まつ》られることもあります。しかし神話には、田んぼの開拓を邪魔する蛇も登場します。

「常陸《ひたち》国風土記」に登場する夜刀神は、頭に角がある蛇です。「ヤト」とは山の谷間の湿地をいうので、谷に住む神なのでしょう。角があるとされているのは特別な力があるからかもしれません。群れをなして住んでいて、その姿を見ると一族は滅ぼされ、子孫も絶えるといいます。

あるとき箭括麻多智《やはずのまたち》が田を作ろうとすると、夜刀神が群れを率いてきて妨害します。麻多智は激しく怒り、彼らを打ち払いました。その上で人と夜刀神の領域を分ける印の杖を立て、社を作って夜刀神を祀りました。その後も麻多智の子孫が祀りました。ところがしばらく経ち、その谷に天皇の命で堤を造る工事が行われると、夜刀神たちはふたたび現れます。責任者の壬生連麿《みぶのむらじまろ》が、大声で「打ち殺せ！」と言うと、すごすごとその場を去っていきました。天皇の力が常陸国の蛇にまで及んだことを示す話と考えられます。

夜刀神の物語

箭括の氏の麻多智、郡より西の谷の葦原をきりはらひ、ひらきて新に田に治りき。この時、夜刀の神、相群れ引率て、ことごとに来たり、左右に防障へて、耕佃らしむることなし。俗いはく、蛇を謂ひて夜刀の神となす。その形は、蛇の身にして頭に角あり。

風土記／常陸国風土記／行方郡

蚕

◎三種の虫

夫婦げんかを収めた虫

「運命の赤い糸」という言い方がありますが、絹糸を作る蚕は、浮気者の天皇と嫉妬深い皇后の間を取り持つという役割を果たしています。

あるとき仁徳《にんとく》天皇は、皇后の石之比売《いわのひめ》が留守の間に、別の女性と浮気をしました。そのことを知った皇后は、激怒して家臣の奴理能美《ぬりのみ》の家に行ってしまいます。奴理能美は、皇后が帰らない本当の理由を天皇に言うわけにもいかず、困ってしまいます。そこで、他の家臣とも相談し、天皇に皇后が三種に変わる不思議な虫を見にきているのだと報告をすることにしました。その虫は一度は這う虫になり、一度は繭《まゆ》になり、そして一度は飛ぶ鳥となるといいます。それを聞いた天皇は、自分も見てみたいと言い、奴理能美の家にやってきました。天皇がわざわざやってきたことで、皇后も仲直りをすることになります。
　この這う虫、繭、飛ぶ鳥と三種に変化する虫が蚕のことです。飼っていた奴理能美は、「韓人《からひと》」、つまり大陸からの帰化人です。蚕がまだ日本では珍しい虫だったことも伝えています。

三種の虫の物語

　ここに口子臣、またその妹口比売、また奴理能美三人議りて、天皇に奏さしめて云ひしく、「大后の幸行でまししゆゑは、奴理能美が養へる虫、一度は匐ふ虫になり、一度は鼓になり、一度は飛ぶ鳥になりて、三色に変る奇しき虫有り。この虫を看行はしに入り坐ししにこそ。更に異心無し。」といひき。

古事記／下巻／仁徳天皇八田若郎女

古代文化

犬

◎白い犬

主人の亡骸《なきがら》を守り抜く

亡くなった主人の帰りをずっと待ち続けた、というと忠犬ハチ公ですが、古代にも人々を感動させた忠犬がいました。

日本書紀によると、用明《ようめい》天皇の死後、有力豪族の蘇我馬子《そがのうまこ》と物部守屋《もののべのもりや》の間に戦いが起こります。蘇我氏によって守屋は討たれますが、彼の従者の万《よろず》は、一人奮戦します。竹林に隠れながら百人以上の敵を相手に闘いました。とうとう矢が当たりますが、それから数十人を殺すと、自ら刀で首を刺して亡くなりました。

負けてもなお戦い続けた万を謀反人とした朝廷は、万の首を串刺しにしてさらすように命じますが、万の白い犬が死体のまわりをまわって吠え、守ろうとします。そして首をくわえて古い墓に持っていって収めると、墓を守るように体を横たえ、そのまま餓死しました。朝廷はこの白い犬を哀れに思い、万の一族に命じて万と犬と二つの墓を並べて作り葬るように命じます。忠犬のおかげで、万は首をさらされずに、丁寧に葬ってもらえることになったのです。万も最期まで主人のために闘った忠義の人。ペットは飼い主に似るという話でもあります。

白い犬の物語

ここに万が養へる白犬あり。俯し仰ぎてその屍の側を廻り吠ゆ。つひに頭を噛ひ挙げて古墓に収め置く。横に枕の側に臥して前に飢ゑ死ぬ。河内国司その犬をとがめ異びて、朝庭にまうし上ぐ。朝庭いとほしがりたまふ。符を下したまひてほめてのたまはく、「此の犬、世に希聞しきところなり。後に観すべし。万が族をして、墓を作りて葬さしめよ」

日本書紀／巻二一／崇峻天皇即位前紀

古代文化

芋虫

◎常世神《とこよがみ》

芋虫に心酔

「～を買ってお祀《まつ》りすればお金持ちになれる」、「万病に効く～」など、いまでも人々の欲や不安を駆り立てて、効果が確かめられないような品物を高額のお金で売りつける宣伝を見かけることがあります。いつの世もあるものなのでしょうか。日本書紀には常世神という神を祀ることが盛んになったという話が伝えられています。

それは皇極《こうぎょく》天皇のときのこととされ、東国の富士川（今の静岡県）のあたりで起こったそうです。信仰を広めたのは大生部多《おおうべのおお》。ある虫を常世神だといい、祀ると富と長寿が得られ、若返りの効果もあると宣伝しました。人々はこぞってその虫を祀り、歌ったり舞ったりして福を求め、なかには財産を投げ打ってまで神祀りに打ち込む者まで出る始末。しかしまったく効果はなく、逆に貧しくなっていくばかり。この事態に有力者の秦河勝《はたのかわかつ》は怒って大生部多を討ちました。

この常世神、実はアゲハチョウの幼虫のことだったといわれています。幼虫の前で歌い舞い、財産を使い果たしてしまうとは、とんだインチキ商売ですね。

常世神の物語

秋七月に、東国の不尽河の辺の人大生部多、蟲祭ることを村里の人に勧めていはく、「これは常世の神なり。この神を祭る者は、富と命とをいたす」といふ。巫覡等遂に詐きて、神語に託せて曰はく、「常世の神を祭らば、貧しき人は富を致し、老いたる人は還りて少ゆ」といふ。

日本書紀／巻二四／皇極天皇三年七月

人の敵

蛇頭人身

◎蛇頭人身《じゃとうじんしん》

美女を射止めた蛇頭の男

牛頭人身のミノタウロスや半人半馬のケンタウロス、人頭鳥身のハルピュイア、尻尾が蛇になっている地獄の番犬ケルベロスなど、ギリシャ神話には異なった動物の特徴を複数備えた異形の存在が多く登場します。日本ではあまり多くはありませんが、蛇頭人身の不思議な男性の話が伝えられています。

肥前《ひぜん》国の松浦の郡、今の佐賀県唐津《からつ》市のあたりに弟日姫子《おとひひめこ》という大変な美女がいました。都からやってきた狭手彦《さでひこ》と恋に落ちますが、彼は任務のため去っていきました。ほどなく弟日姫子のもとに男性が通いはじめます。夜にやってきては、夜明けに帰っていくその彼は、狭手彦に似ているようです。不思議に思った弟日姫子は、こっそりと麻糸を彼の衣の裾にからめ、たどっていきます。糸は彼女を沼のほとりへと導きました。そこには体は人間で頭は蛇という不思議な動物が。気がついたその不思議な蛇は人間の男に姿を変え、もう逃がさないぞと言います。
侍女が助けを呼びにいき、戻ってみると、沼の底には弟日姫子の遺体が沈んでいました。弟日姫子は別の世界でその不思議な動物の妻になったのかもしれません。

蛇頭人身の物語

人あり、夜毎に来て婦と共に寝ね、暁になれば早く帰りぬ。容止形貌は狭手彦に似たりき。婦、そをあやしと抱ひて、もだえあらず、ひそかに続麻を用ちてその人の欄（きぬのすそ）に繋け、麻のまにまに尋め往きしに、此の峯の頭ほとりの沼の邊に到りて、寝たる蛇あり、身は人にして沼の底に沈み、頭は蛇にして沼の岸に臥せりき。

風土記／肥前国風土記／松浦郡

鹿

◎鹿

鹿の子模様はお米模様

作物が豊かに実ること。それはいつの時代も願われてきたことです。その願いを叶えるために、呪術的なことも行われてきました。背中にお米を連想させるような白い斑点を持つ鹿も、どうやら豊作を願う呪術に使われていたようです。

播磨国風土記に讃容《さよ》の郡《こおり》という土地が出てきます。この土地で夫婦の神が、それぞれに自分の土地を得ようとしていました。妻神は、生きた鹿を捕まえて横に倒し、その腹を裂きました。鹿の血が腹からどくどくと流れるなかに稲種をまきます。すると一晩のうちに苗が生えてきました。そこで女神はその苗をとって田植えをしました。夫神は、自分は他の土地を求めることにし、妻神の土地は「五《さ》月《つき》の夜」に苗を植えたことから「さよ」と名付けることにしました。

鹿の血には苗を育てる不思議な力があるということを示しているとも考えられますし、また鹿が田畑を荒らす害獣であることから、その血をつけた苗を植えることで、鹿が寄ってこなくなるという効果を狙ったのだともいわれています。古代の農耕の儀礼に鹿を使っていたことを教えてくれる神話かもしれません。

鹿の物語

讃容といふゆゑは、大神妹せ二柱、各、競ひて国占めましし時、妹玉津日女命、生ける鹿を捕り臥せて、その腹を割きて、その血に稲種きき。よりて、一夜の間に苗生ひき。すなはち取りて殖ゑしめたまひき。ここに、大神、勅りたまひしく、「汝妹は、五月夜（さよ）に殖ゑつるかも」とのりたまひて、やがて他所に去りたまひき。

風土記／播磨国風土記／讃容都

古代文化

鹿

◎鹿

反省する鹿

かわいらしいイメージの鹿ですが、実は作物や森を食い荒らす迷惑者という側面もあります。せっかく育てている作物や樹木の皮を食べてしまうので、毎年深刻な被害が出ているとか。しかし、なかには素直に反省する鹿もいるようです。

豊後《ぶんご》国風土記によると、ある峰の下にいつも苗を鹿に食べられてしまう田んぼがありました。主人がなんとかしようと柵を作って待っていると、鹿がやってきて、柵の間に首をつっこんで苗を食べてしまいました。そこで主人は柵にはまった鹿を捕まえ、首を切ろうとします。すると鹿は言葉を発し、苗を食べるという死に値するような自分の罪を許してくれるよう頼みました。そしてもし許してもらえるなら、自分の子孫たちにも絶対に苗を食べさせないことを誓うと言います。鹿がそんな誓いをたてるなんて、不思議なこともあるものだと思い、主人は鹿を許すことにします。すると二度とこの田んぼは鹿に荒らされることがなくなり、豊かに実るようになったとか。そこでその田んぼを頸田《くびた》と呼び、その土地を頸（首）の峰とよぶようになったそうです。

鹿の物語

この田の苗子を鹿つねに喫ひき。田主柵を造りて伺ひ待つに、鹿到来たりて、おのが頸をあげて柵の間にいれて、やがて苗子を喫ふ。田主捕獲りて、その頸を斬らむとしき。時に鹿、請ひて云ひしく「我、今、盟を立てむ。我が死ぬる罪を免したまへ。もし大き恩を垂れてまた存くることを得ば、我が子孫に苗子をな喫ひそと告らむ」といひき。

風土記／豊後国風土記／頸の峰

鹿

◎鹿

浮気者の鹿の末路

人間以外の動物も、夢を見るのでしょうか。動物によっては、人間が夢を見る状態と同じレム睡眠状態になるものがあるといいます。夢を見ている可能性があるということですが、内容は知り得ません。

摂津《せっつ》国風土記逸文には、夢を見た鹿が出てきます。その鹿の本妻は夢野《ゆめの》に住み、妾《めかけ》の鹿は淡路《あわじ》の野嶋《のじま》にいました。あるとき牡鹿が妻に不思議な夢を見たと言います。背中に雪が降り、ススキが生えてくる夢です。どういう意味かと聞く牡鹿に、妻は妾通いをやめさせるいい機会だと口から出まかせを言います。背中のススキは矢が刺さること。雪は鹿肉にまぶす塩だから、淡路に行くと射殺されて食べられるのでやめなさいと言います。ところが牡鹿は妾に会いたい気持ちを抑えられず、出かけていき、射殺されてしまいました。夫を引き留めるための嘘を語ったのですが、本当になったわけです。この話がなぜ鹿の話として語られたのかはわかりませんが、鹿が一夫多妻であることと関わるかもしれません。

鹿の物語

牡鹿、嫡のもとに来宿りて、明くる旦、牡鹿、其の嫡に語りしく、「今の夜夢みらく、あが背に雪零りおけりと見き。また、すすきといふ草生ひたりと見き。此の夢は何の祥ぞ」といひき。その嫡、夫のまた妾のもとに向かむことを悪みて、すなはち詐り相せていひしく、

風土記／摂津国風土記逸文／夢野

神社で出会えるいきものたち

神の使いである神使も含め、神と関係の深い動物を眷属《けんぞく》といいます。神社の境内には、ご祭神の神話、伝説、神社の歴史などと関わるさまざまな神使、眷属のいきものたちがいます。

本編でも紹介している春日大社の鹿（二四～二五頁）や、熊野三山のヤタガラス（一一八～一二一頁）、稲荷社のキツネ（一五〇～一五三頁）も、境内のあちこちで出会うことができます。ほかにも、各地で見かける○○八幡や○○天満宮／天神と呼ばれる神社にも動物の神使がいます。八幡神をお祀りする八幡宮（神社）は鳩。八幡の「八」の字が向き合った鳩の絵で描かれていたりします。天満宮（天神社）では、ご祭神の菅《すが》原道真公《わらのみちざね》ゆかりの横たわった牛の像が置かれていることが多く、人々が願いを込めてなでる光景がよく見られます。人々はその神使が神様へ感謝や願いを伝えてくれると考え、お参りをしてきました。稲荷神社のキツネに油揚げをお供えするのは「好物をさしあげるから、神様に御礼や願いをしっかり取りついでくださいね」ということなのです。

神の使いである神使、眷属以外でも、神社にいるいきものがいます。狛犬です。起源は遠く古代オリエントともいわれる狛犬は、鳥居のそばや本殿の前などで神を守ります。日本には中国、朝鮮を経由して伝えられたので、朝鮮の犬という意味で高麗（朝鮮の古い言い方）の犬、転じて狛犬と呼ばれるようになりました。厳密には角のあるほうが狛犬で、ない方が獅子といい、この二つがセットで置かれることが多いようです。雌雄で一対のものが多いですが、口をあけたものと閉じたものという阿吽《あうん》で一対となっているものなどもあります。ほかにも子犬を抱く狛犬など、姿はさまざま。いきものを探すという神社巡りの楽しみ方もできるでしょう。

第二章 水のいきもの

神の姿

ワニ

◎八尋鰐《やひろわに》

八尋鰐の物語

「すべて佗國の人は、産む時になれば、本つ国の形を以ちて産生むなり。かれ、妾今、本の身を以ちて産まむとす。願はくは、妾をな見たまひそ。」と言したまひき。ここにその言を奇しと思ほして、その産まむとするを竊伺みたまへば、八尋和迩に化りて、匍匐ひ委蛇ひき。即ち見驚き畏みて、遁げ退きたまひき。

古事記／上巻／火遠理命

妻の素顔を見てしまった

旅先で出会った人は、非日常であるためか実際以上によく見えることがあります。それが異国であればなおのこと。思いがけないときに、本当の姿を知って驚くこともありがちです。神話でも海の中で出会った妻が、出産のときに素顔をさらしてしまう話があります。この話は、ヒナガヒメの話（五八頁）で触れた異類婚のひとつ。神話の世界では、人間と動物が惹かれ合うことが少なくありません。

妻は海の神の娘でトヨタマビメ、男性は天の神の御子でホオリ、別名を山幸彦《やまさちひこ》といいます。古事記によると、ホオリは山で狩猟をして暮らしていましたが、あるとき海で魚をとって暮らしていた兄から釣り針を借ります。ところがその釣り針を海でなくしてしまったため、探しに海の中までやってきたところ、トヨタマビメと出会いました。出会ったときは、トヨタマビメは地上からやってきた高貴なホオリを見て、「なんて素敵な方」と思ったようです。ホオリとトヨタマビメは夫婦となり、三年の月日が経ちます。釣り針のことを思い出し、ため息をついたホオリのことを、妻は不安に思い、父の海神に相談します。事情を聞いた海神は釣り針を探し出してやり、それを手にホオリは地上へと戻っていきました。

そのホオリのもとへ海からトヨタマビメがやってきます。出産する時期になったというのです。高貴な天の神であるホオリの子を海のなかで産むわけにはいかないので地上に出てきたのだと言います。そうしてトヨタマビメは海辺に鵜《う》の羽を屋根にして出産するための産屋《うぶや》を作りはじめました。しかし、それが作り終わらないうちに産気づいてしまいます。トヨタマビメは産屋に入るとき、「よその国の人は、出産のときにはもとの国の姿になって子を産みますので、わたしはこれから本当の姿になって子を産みます。お願いですからわたしの姿を見ないでください」と頼みました。見るなと言われれば気になるもの。ホオリが出産の様子をのぞき見したところ、トヨタマビメは大きな大きな「ワニ」の姿となってのたうちまわっていました。びっくりしたホオリは、思わず逃げてしまいます。見られたことを知ったトヨタマビメは、本来の姿を見られては、もう夫婦ではいられないと、生まれたばかりの子を置いて、海のなかへと去っていってしまいました。

見ないでと禁じられていたのに見てしまい、妻と別れなければならなくなる、という話のタイプを「見るなの禁」といいます。昔話の「鶴女房」や「蛤女房」などにも共通するもので、いずれも人間と動物との結婚、すなわち異類婚の話です。この神話も神と「ワニ」という異類の結婚。そんな結婚は、異類だと知っては継続できません。だからこそ一方は本当の姿を見ることを禁じます。ですが、やはりその禁止は破られてしまいます。トヨタマビメが課す「見るなの禁」は、なんとか結婚を継続したい動物からの悲しい頼み事だったといえます。

さて、トヨタマビメの正体である「ワニ」は、因幡《いなば》の素兎の話（一八頁）にも登場しました。神の運び手になることもあります（一〇〇頁）。よく知られたいきものなのでしょうが、野生のワニは日本にはいないので、サメを意味するともいいます。しかし、「キリン」とは、実際にいる動物のキリンだけでなく、想像上の動物「麒麟」も示すように、「ワニ」も想像上の動物「鰐」がイメージされていた可能性もあります。その「鰐」がどのようなものかはわかりません。サメのような姿かもしれません。いずれにせよホオリが驚き逃げてしまう姿だったことは確かです。

神の姿

龍

◎龍

龍の物語

　のちに豊玉姫、はたして前のちぎりのごとく、その女弟玉依姫を将ゐて、ただに風波を冒して、海辺に来たる。臨産む時におよびて、請ひて、曰さく、「妾産まむ時に、幸はくはな看ましそ」とまうす。天孫なほ忍ぶること能はずして、窃に往きて覘ひたまふ。豊玉姫、方に産むときに龍に化為りぬ。

日本書紀／第十段／神代下

初代天皇の母は龍

人間と他のいきものとの結婚、すなわち異類婚には、さまざまな組み合わせがあります。先ほどの話では神の相手は「ワニ」でしたが、同じ話が日本書紀では龍となっていています。龍というと、水を支配する想像上の霊獣としてよく知られています。雨や雷とも関わることから、水界だけでなく空を飛び、天へと昇っていくこともできると考えられ、天と地を結ぶ動物ともされました。そこから天子、すなわち王の象徴と考えられるようにもなります。龍、とくに昇り龍は縁起のいい図柄となっています。英雄のことをあらわすときに龍が使われることもあります。「独眼龍政宗」などはとても有名ですね。

もともと龍は古代中国に起源があり、日本にも古代に入ってきたようです。南の朱雀《すざく》、西の白虎《びゃっこ》、北の玄武《げんぶ》、そして東を守る青龍《せいりゅう》の四神は古墳などに描かれてきました。仏教でも龍は仏法の守り神とされます。九頭龍《くずりゅう》などはその代表で、頭が九つある龍です。福井県の九頭竜川や箱根の芦ノ湖などに九頭龍の伝説が伝えられています。また、スサノオに成敗されてしまうヤマタノオロチも、中世には、蛇というよりも龍の姿でイメージされるようになっていきます。

そうした龍の一般的な姿を思い起こしてみると、鱗のある巨大な蛇のような体に角があり、目は大きくらんらんと輝いています。鋭い爪を持つ四本の足があり、宝珠《ほうじゅ》を持っていることが多いです。長いひげとたてがみが生えており、あごの下には一枚だけ逆向きの鱗、つまり「逆鱗《げきりん》」があり、そこを触れられると激怒するといいます。勇壮な姿ですが、もしそれが自分の妻だったら……驚くのも無理はないかもしれません。

日本書紀によると、夫ホオリが海から地上へと戻っていくときに、妻のトヨタマビメは「わたしは身ごもっています。風と波が激しい日を選んで海辺へ出ていくので、わたしのために産屋を作って待っていてください」と頼みました。その言葉の通り、トヨタマビメは激しい風と波の中、妹のタマヨリビメを連れてやってきました。出産のとき、トヨタマビメは「わたしが子を産むとき、お願いですから見ないでください」と頼みおきますが、やはりホオリは我慢できず、こっそ

りとのぞいてしまいます。そのときのトヨタマビメの姿は龍でした。見られたことを知ったトヨタマビメは、これからも海と地上を行き来して暮らしていこうと思っていたのに、もう夫婦ではいられないと言って、海への道を閉ざして帰っていってしまいました。まさに逆鱗に触れたかのような怒りだったのでしょう。

水の支配者である龍と天孫の子で地上を支配するホオリの結婚は、異類婚であり、継続はできないものです。しかし、その間に生まれた子・ウガヤフキアエズは、両方の世界を治めるべき子といえます。そしてそのウガヤフキアエズの子が初代の天皇となるカムヤマトイワレビコです。龍が王の象徴であったことを考えると、天皇の祖先のなかに龍がいても不思議ではありません。

神の姿

鵜

◎クシヤタマ

料理上手な鵜

鵜は水に潜って捕らえた魚を、水から出た後で飲み込む習性があります。鵜飼いはその習性を鮎の漁に利用し、鵜が鮎を飲み込む前に吐かせます。現在では長良川《ながらがわ》などで行われている鵜飼いが有名ですが、日本では古くからあった漁法だったようで、五世紀から六世紀頃の古墳から、魚をくわえた鵜の埴輪も出土しています。鳥ですが水のいきものとして紹介します。

古事記で料理人の役割を果たすクシヤタマという神は、なんとみずからその鵜に変身して食膳を整えています。地上の葦原中国《あしはらのなかつくに》を治めていたオオクニヌシは、アマテラスの使者であるタケミカヅチから、アマテラスの御子に国を譲るよう求められ、承諾します。その服属の証として出雲の浜に建物を建て、天の神のために食事を用意しました。その大事な食膳を整える役割を担うのがクシヤタマ。この神は、鵜に変身して海の底に潜っていき、海底から土をくわえて持ってきて、その土で平たい器をたくさん作ったり、海藻をとってきて、火を起こす道具を作ったりします。器用な鵜の習性を利用したのは、人間だけではなく神様も同じですね。

クシヤタマの物語

出雲国の多藝志の小浜に、天の御舎を造りて、水戸神の孫、櫛八玉神、膳夫となりて、天の御饗を献りし時に、祷き白して、櫛八玉神、鵜に化りて、海の底に入り、底の波迩を咋ひ出でて、天の八十毘良迦を作りて、海布の柄を鎌りて、燧臼に作り、海蓴の柄をもちて燧杵に作りて、火を鑽り出でて

古事記／上巻／大国主神の国譲り

貝

◎キサガイヒメ、ウムギヒメ

キサガイヒメ、ウムギヒメの物語

ここにその御祖の命、哭き患ひて、天に参上りて、神産巣日之命に請しし時、すなはち𧏛貝比売と蛤貝比売とを遣はして、作り活かさしめたまひき。ここに𧏛貝比売、きさげ集めて、蛤貝比売、待ち承けて、母の乳汁を塗りしかば、麗しき壮夫に成りて、出で遊行びき。

古事記／上巻／大国主命
八十神の迫害

色男の美の秘訣は貝

肝臓の働きを助け、コレステロールや中性脂肪を減らす効果もあるというタウリンは、わたしたちにとってとてもありがたい栄養素です。そのタウリンを多く含んでいるのが貝類。貝には、タウリン以外にもさまざまな栄養素があります。そんな貝の効能を、古代の人々も知っていたのでしょう。神話のなかには、まさにスーパードクターと呼ぶのにふさわしいような活躍をする貝の女神たちが登場します。

因幡の素兎を助けたオオクニヌシ（一六頁）が、兄弟たちとともにヤガミヒメの元にいくと、ウサギの予言通りにヤガミヒメは「わたしはオオクニヌシと結婚をします」と宣言をしました。当然、面白くないのが一緒に求婚しに来た兄弟たち。オオクニヌシを殺そうとします。

兄弟たちは、まずオオクニヌシを山の麓に呼び出し、「この山に赤い猪がいる。われわれはその猪を追いかけて降りてくるから、お前は下の方でその猪を待ち受けて捕まえろ。もし捕まえなかったら、お前を殺してしまうぞ」と言います。言われた通りに待ち構えていたオオクニヌシのもとに、上から転げ落ちてきたのは、猪ではなく、とても大きな岩でした。兄弟たちは、オオクニヌシをだまし、猪と偽って大きな岩を火で真っ赤になるまで熱し、それを落としたのです。そんな岩を全身で受け止めたオオクニヌシは、大火傷を負って死んでしまいました。

オオクニヌシの母は、嘆き悲しんで天に昇り、カムムスヒという神に、なんとかして生き返らせてくれるよう頼みました。そこでカムムスヒが派遣したのがキサガイヒメとウムギヒメという二人の女神です。キサガイの「キサ」は赤貝の意味、またウムギとはハマグリの古い呼び名です。赤貝とハマグリの女神がオオクニヌシのもとにやってきたということです。

まずキサガイヒメは赤貝の殻を内側からこそげ落とし、それをウムギヒメがハマグリの汁で溶き、母乳のようなものにしてオオクニヌシの体に塗ります。するとオオクニヌシは、以前よりもさらに美男になってよみがえりました。

そしてオオクニヌシは、日本の神話の中でももっともモテる神様となります。

根の国のスサノオを訪れたときには、その娘のスセリビメと互いに一目惚れ。スセリビメを正妻としますが、その後もたくさんの女神たちと浮き名を流し、行く先々に妻がいるという状況となってスセリビメの嫉妬を買うことにもなります。そのきっかけは貝の女神たちがまさに身を削って生き返らせたことにあります。なぜ赤貝とハマグリが女神となって現われたかはわかりませんが、オオクニヌシはこの後も妻となるスセリビメなど女性たちに助けられる場面が多くあります。女性が原因で試練を受けますが、助けるのもまた女性。そうした物語の中で貝も女神とされたのかもしれません。

亀

◎大亀

神は亀に乗ってやってくる

トヨタマビメが出産（八五頁、九〇頁）した地と伝えられる宮崎県日南市《にちなん》の鵜《う》戸《ど》神宮《じんぐう》。日向灘《ひゅうがなだ》に面したお宮から海を見ると、不思議な形をした大きな石がありま す。この霊石亀石《れいせきかめいし》と呼ばれる石は、背中に枡形のくぼみがあり、そこに「運《うん》玉《たま》」と呼ばれる小さな玉を投げ、入るかどうかで運を占う占いがとても人気です。

この亀石の由来となっている神話が日本書紀に伝えられています。日本書紀は複数の異伝を載せていますが、その一つではトヨタマビメは亀に乗ります。ホオリの子を妊娠し、産む時期が近づいてきたトヨタマビメは、地上へ戻っていた夫の元で出産をすべく、海のなかからやってきます。そのときトヨタマビメが乗ってきたのが大きな亀でした。トヨタマビメは海辺で無事に出産をしますが、そのとき「ワニ」の姿になっているところを夫に見られたために、子供を置いて海へと帰っていってしまいます。そしてトヨタマビメを送ってきた亀が、霊石亀石となったと伝えられるようになりました。水陸両棲の亀は、神様の乗り物のイメージを持たれていたのかもしれません。

大亀の物語

豊玉姫、みづからに、大亀に馭りて、女弟玉依姫を将ゐて、海を光して来たる。時に孕月已に満ちて、産む期方に急りぬ。これによりて、葺き合ふるを待たずして、ただに入ります。

日本書紀／神代下第十段一書第三

ワニ

◎一尋《ひとひろ》ワニ

素早く神を送り届ける海のタクシー

海の動物で、神の送迎をするというと、すでに亀が登場しています。しかし、亀は、あまり速そうではありませんね。急いでいるなら、どんな動物がいいでしょう？　海の世界からホオリが帰るときは「ワニ」がその役を買って出ています。

山で狩りをしていた山幸彦《やまさちひこ》のホオリは、兄の海幸彦《うみさちひこ》から釣り針を借り、なくしたため海のなかに探しにいきます。海の神は、その釣り針を見つけ、彼を地上に帰してやることにします。海の神は動物たちに向かい「お前たちは何日かけて送るか？」と尋ねます。すると「一尋ワニ」が、「自分は一日です！」と申し出ました。一尋とは両手を広げたときの長さ。大きな動物ではありませんが、その分素早く動くことができるのでしょう。約束通り送り届けると、ホオリは感謝の印に持っていた懐剣《かいけん》を首に結びつけてあげました。刀をサヒというため、のちにこのワニはサヒを持つという意味で「サヒモチ」という名の神になりました。

ワニは「サメ」とも、想像上の動物ともいわれます。この神話のように、素早く神を送り届ける様子からは、サメのイメージが浮かび上がってきます。

一尋ワニの物語

かれここにその一尋和迩に、「然らば汝送り奉れ。若し海中を渡る時、なかしこませまつりそ。」と告りて、即ちその和迩の頚に載せて、送り出しき。かれ、ちぎりしがごと、一日の内に送り奉りき。その和迩を返さむとせし時、佩かせる紐小刀を解きて、その頚に著けて返したまひき。かれ、その一尋和迩は、今に佐比持神と謂ふ。

古事記／上巻／火遠理命　火照命の服従

古代文化

イルカ

◎イルカ

イルカはごちそう

日本では古くからイルカが食べられてきました。神も食料としてイルカを贈っています。

のちに応神天皇《おうじんてんのう》となる皇子のホムダワケが、越前を訪れたときのことです。夢にイザサワケという神が現れ、「わたしの名をあなたと取り替えよう」と言います。ホムダワケが神の言う通りに名を替えることを承諾すると、神は「明日の朝、浜に来てみなさい。名を替えた記念の贈り物を差し上げましょう」と言います。皇子が浜に出かけてみると、そこには一面に鼻の傷ついたイルカが。イザサワケの神が食料としてくださったのだと思い、その神に感謝を込めて、食事を司る神という意味で「御《み》食《け》津《つ》大神《おおかみ》」と呼ぶことにしました。しかし、イルカの血のにおいが臭かったので、その土地は「血浦《ちうら》」と名付けられました。それがのちにツヌガそして現在の敦賀になったといいます。

イルカの肉というと血なまぐさいのが特徴です。たくさんのイルカをもらえて、うれしいけれども臭いなぁという皇子のつぶやきが聞こえてきそうです。

イルカの物語

かれ、その旦浜に幸行でましし時、鼻毀りし入鹿魚、すでに一浦に依れり。ここに御子、神に白さしめて云りたまひしく、「我に御食の魚給へり。」とのりたまひき。かれ、またその御名を称へて、御食津大神と号けき。かれ、今に気比大神と謂ふ。またその入鹿魚の鼻の血臭かりき。かれ、その浦を号けて血浦と謂ひき。今は都奴賀と謂ふ。

古事記／中巻／仲哀天皇気比の大神と酒楽の歌

古代文化

なまこ

◎なまこ

神をも恐れぬ得体の知れなさ

こりこりとした食感で、酢の物などにして食べられるなまこ。グロテスクともいえる姿をしているので、体をよく見たことがある人はなかなかいないでしょう。

そんななまこは、神話のなかでもなにを考えているのかわからない存在です。アマテラスの孫であるホノニニギが地上を治めるために降りてきたとき、一緒に付き従ってきたアメノウズメは、海に住む大小さまざまな魚たちに、「お前たちは天の神の御子に仕えるか」と問います。魚たちはみな「お仕えしましょう」と答えますが、ただなまこだけがなにも返事をしませんでした。そこでアメノウズメは、「この口は返事をしない口だ！」と言って、小刀でもってその口を裂いてしまいました。そのため、今でもなまこの口は裂けているといいます。

古事記ではなまこを「海鼠」と記し、「コ」と読ませています。コとは、芋虫のような形の動物を指す古語。「生《なま》で食べられるコ」でなまこと呼ぶようになりました。干したものは神に捧げる神饌《しんせん》として使われることがあります。神も好む珍味として親しまれてきたのでしょう。

なまこの物語

ここに猿田毘古神を送りて、還り到りて、すなわちことごとに鰭の広物、鰭の狭物を追ひ聚めて、「汝は天つ神の御子に仕へ奉らむや。」と問言ひし時に、諸の魚皆「仕へ奉らむ。」と白す中に、海鼠白さざりき。ここに天宇受売命、海鼠に云ひしく、「此の口や答へぬ口。」といひて、紐小刀以ちてその口を拆きき。故、今に海鼠の口拆くるなり。

古事記／上巻／邇邇芸命　猨女の君

ワニ

◎ワニ

復讐されるワニ

かつて「ジョーズ」という映画が大ヒットしました。海で楽しむ人々のもとに静かに忍び寄る巨大な人食いザメ。海に行くのが怖くなるほどです。そんな映画「ジョーズ」のような話が出雲国風土記にも伝えられています。ここではワニと呼ばれていますが、サメを意味すると考えられています。

天武天皇が治めていた頃のこと。猪麻呂《いまろ》の娘が海辺で遊んでいたところ、ワニに殺されてしまうという事件が起こりました。父の猪麻呂は、いたく憤慨し、殺された娘の死体を浜辺に置き、そのそばで昼も夜も天を仰いだり、座り込んで嘆いたりしていました。何日か経った頃、猪麻呂は矛《ほこ》を鋭く研ぎ、神々が本当にいるのであれば、自分にワニを殺させて欲しいと祈ります。するとしばらくして百匹余りのワニが一匹のワニを取り囲むように連れてきます。猪麻呂はその中央にいるワニを刺し殺し、腹を裂いたところ娘の片足が出てきました。猪麻呂はそのワニをさらに切り刻んで串刺しにしました。父の執念に仲間のワニたちも恐れをなし、復讐に手を貸したということでしょう。

ワニの物語

和迩百余、静かに一つの和迩をかくみて、おもぶるに率て依り来て、居る下に従きて、進まず退かず、なほかくめるのみなり。その時鋒を挙げて中央なる一つの和迩を刄して、殺し捕ること已に訖へぬ。しかして後、百余の和迩解散けき。殺割けば、女子の一脛屠り出でき。よりて、和迩をば殺割きて串にかけ、路のほとりに立てき。

風土記／出雲国風土記／意宇郡

古代文化

亀

◎大亀

美女と出会える予感

「鶴は千年、亀は万年」ということわざがあるように、亀は昔からめでたいことの象徴とされてきました。素敵な美人との出会いが気になっているとき、亀が現れたら、きっと幸せになれると思うでしょう。

第十一代の垂仁天皇《すいにんてんのう》が、山城《やましろ》（今の京都府）に出かけたとき、側近のものが「この国に容姿端麗な女性がいます」と報告しました。そこで天皇は矛《ほこ》をかかげ、「美女と出会うのなら、これから行く道に予兆が現れろ！」と願いをかけました。すると通り道に大きな亀が現れます。天皇がその矛で亀を突き刺したところ、亀はそのまま白い石に姿を変えました。天皇はこの不思議な出来事から、きっと山城にいる美女との出会いは素晴らしい結果をもたらすのだろうと考えました。予感は的中し、その美女は天皇の妻となり、子を産むことになったそうです。
亀も白い色も、瑞祥《ずいしょう》、つまり吉事《きちじ》が起こる前兆とされていました。現在の結婚式でも白い衣装や亀の図柄はよく見られます。直接こうした神話と関係があるわけではありませんが、幸せの予感を感じさせるなにかがあるのかもしれません。

大亀の物語

天皇、ここに、矛を執りて祈ひて曰はく、「必ずその佳人に遇はば、道路に瑞見えよ」とのたまふ。行宮にいたりますころほひに、大亀、河の中より出づ。天皇、矛を挙げて亀を刺したまふ。たちまちに石に化爲りぬ。左右に謂りて曰はく、「此の物に因りて推るに、必ず験有らむか」とのたまふ。

日本書紀／巻六／垂仁天皇三十四年三月

亀

◎大亀

大亀の物語

嶼子、独小船に乗りて海中に汎び出でて釣するに、三日三夜を経るも、一つの魚だに得ず、すなはち五色の亀を得たり。心に奇異と思ひて船の中に置きて、即て寝るに、たちまち婦人となりぬ。その容美麗しく、また比ふべきものなかりき。

風土記／丹後国風土記逸文／与謝の郡

浦島太郎は亀と結婚していた

亀を助けたお礼に龍宮城に連れて行ってもらい、乙姫様の歓待を受けるも、帰りにもらった玉手箱を開けてしまったために、お爺さんになってしまったという浦島太郎の昔話。この昔話の由来はとても古く、日本書紀や風土記の逸文にも伝えられていますが、わたしたちの知っている内容とかなり違っています。

丹後国風土記逸文に伝えられている話を見てみましょう。丹後国の筒川《つつかわ》、現在の京都府伊根町《いねちょう》のあたりに嶋子《しまこ》という名の優雅な容姿の男性がいました。一人で船に乗って釣りをしていると、五色の亀が釣れます。その亀を船の中において眠っていると、亀はとても美しい乙女となります。目が覚めた嶋子は、その乙女にどこから来たのかと問うと、「素敵な男性が海に浮かんでいたので、風と雲に乗ってやってきたのです。天上の仙界のものです」と言います。嶋子はこの乙女は神の娘なのだろうと納得しました。乙女が、嶋子に永遠に添い遂げたいと言うので、嶋子も同意すると、「常世《とこよ》の蓬莱山《ほうらいさん》へ行きましょう」と言います。船を漕いでいた嶋子は、島に着く少し前に眠らされました。気がつくとなんとも美しい宝玉を敷き詰めたような美しい島です。建物も見たこともないほど光り輝いています。待つように言われ建物の前に立っていると、七人の子供がやってきて嶋子に「亀姫《かめひめ》の夫だ」と言います。続いて八人の子供がやってきて、同じように言うので、乙女は亀姫というのだとわかりました。その亀姫が戻ってきたので、子供たちのことを話すと、「七人の子供はスバル星、八人の子供はアメフリ星ですよ」と言います。そうして嶋子は彼女の両親に会いました。彼らは二人の出会いをとても喜びました。嶋子を歓迎する宴が開かれ、二人は夫婦になります。楽しい時間はあっという間に過ぎ、三年が経ちました。

ふと嶋子は元の世界を懐かしく思います。亀姫は夫の様子がおかしいことに気がつき、どうしたのか尋ねると、嶋子は故郷に帰って両親に会いたいと言います。亀姫は嘆きますが、嶋子の望郷の念も押さえられません。嶋子が帰るとき、亀姫は美しい小箱を渡し、「もう一度わたしに会いたいと思うなら、決してこの箱を開けないでください」と言います。

そうして嶋子は故郷に戻りますが、様子がまったく違っています。土地の人に「浦嶋子の家族はどこにいますか?」と尋ねると、「言い伝えでは、はるか遠い昔にそんな人が居たといいますが、海に出て戻ることなく三百年経っています」と言います。嶋子は呆然とし、小箱をなでて、亀姫を想っているうちに、約束を忘れ、箱を開けてしまいました。するとなかからなにやらかぐわしいものが飛び去っていきました。亀姫の魂だったのでしょう。嶋子は、もう二度と亀姫とは会えないのだと悟り、嘆き悲しみながら亀姫を想う歌を歌います。すると雲の彼方から亀姫が自分を忘れないで欲しいと歌う声がしたといいます。

この神話では嶋子は龍宮城ではなく仙人のいる蓬莱山《ほうらいさん》へ向かいます。また箱を開けてもお爺さんにはなりません。そして亀は、美しい亀姫本人です。浦島太郎の元の話は、「鶴女房」などと同じ異類、すなわち動物との結婚の物語だったのです。「鶴女房」が見ることを禁じたように、亀姫は箱を開くことを禁じます。しかしその禁止は破られます。異類婚は破綻しなければならないという物語の一つの法則がそこに働いているといえます。

神話に見当たらないいきものたち

犬や鹿、猪、蛇など神話のなかに頻繁に登場するいきものがいます。おそらく古代の人々にとって、良くも悪くもとても身近だったり、気をつけなければいけない存在だったりしたのでしょう。その一方で意外にも神話に登場しないいきものもいます。

たとえば今ではペットとしても人気の猫の姿は、神話の中に見つかりません。招き猫など、日本人にとっても昔から身近なようですが、不思議ですね。実は、人々の暮らしと関わるような家猫は、もともと日本にいませんでした。日本には、奈良時代に中国から渡ってきたといわれています。なぜわざわざ中国から渡ってきたのかというと、遣唐使がもたらす貴重な文物をネズミに食べられてしまうことのないよう、それらを守るために連れてこられたそうです。唐の国から渡ってきたため、平安時代には猫といえば「唐猫」と呼ばれました。ネズミから文物を守るという重要な任務を持っていた猫ですが、貴族たちに大人気だったとか。ペットとしてもかわいがられていたようです。猫は次第に庶民にも飼われるようになり、身近な存在になっていきました。化け猫の話が語られたり、縁起物として招き猫が造られたりするのは江戸時代の頃から。歌川広重《うたがわひろしげ》や歌川国芳《くによし》など、猫好きの絵師たちも登場し、浮世絵のなかにもたくさんの猫たちが描かれるようになります。

　蝶もなぜか登場しません。蝶の場合は大和言葉で「かわひらこ」と呼ばれ、古代の日本にいなかったというわけではなさそうです。どうやら蛾と厳密な区別がなかったようなのですが、色鮮やかで美しい蝶についての記述がないのは不思議です。神話のみならず歌にもほとんど読まれていません。その理由は蝶が死者の魂と考えられ、縁起の良くないものと思われていたからではないかともいいます。

第三章 空のいきもの

人の味方

カラス

◎ヤタガラス

ヤタガラスの物語

ここに亦、高木大神の命以ちて覚し白しけらく、「天つ神の御子を此れより奥つ方にな入り幸でまさしめそ。荒ぶる神いと多なり。今、天より八咫烏を遣はさむ。かれ、その八咫烏引道きてむ。その立たむ後より幸行でますべし。」とまをしたまひき。

古事記／中巻／神武天皇東征

勝利へ導く幸せのカラス

カラスというと、現在ではゴミを散らかしたり、人を威嚇したりなど、害獣というイメージを持たれがち。たしかに、黒い姿ですっと飛んでくるカラスに出くわすと、思わず怖いと思ってしまいます。その一方で、カラスは頭がいいということもよく知られています。

神話に登場するカラスは、「頭がいい」ほうのイメージが強そうです。決して害獣ではなく、天の神の使いとしてのちに初代天皇となるカムヤマトイワレビコを大和へ導くというとても重要な役割を果たしています。

日向《ひゅうが》（今の宮崎県）を出て、国を治めるために東へと向かうカムヤマトイワレビコ。その道のりは順調とはいえませんでした。刃向かう者たちとの戦いで、兄を亡くすという悲劇も経験します。また熊野では、荒ぶる神の化身である大きな熊の毒気に当てられ、カムヤマトイワレビコだけでなく、付き従っていた軍勢もみな、気を失ってしまいました。高天原《たかまのはら》にいるアマテラスたちは心配して太刀を下し、その危機を救います（三四頁）。しかしその先も危機はまだ続きます。そこでアマテラスの腹心の神タカミムスヒはヤタガラスを遣わし、カムヤマトイワレビコたちを先導させることにしました。

すると、これまでとは打って変わって穏やかな道中となりました。吉野川の下流のあたりでは、魚釣りをしている人と出会います。その土地の神だといいます。さらに進むと、光る井戸から尾の生えた人が現れます。不思議な様子に、誰かと尋ねてみると、彼も土地の神だと言い、名は「井光鹿《いひか》」だと言います。次には岩を押し分けて尾の生えた人が出てきます。彼も土地の神で、天の神の子孫がいらっしゃったと聞いて迎えに出てきたのだといいます。いずれも刃向かうことなく、カムヤマトイワレビコに従ったということを意味するのでしょう。

この後エウカシやヤソタケルといった反抗する者たちも現れますが、カムヤマトイワレビコたちは知略や武勇でもって平定し、大和の畝傍《うねび》（今の奈良県橿原《かしはら》市）の橿原の宮で天下を治めることになります。初代の天皇となる神武天皇《じんむてんのう》の誕生です。

ヤタガラスは、漢字で八咫烏と書きます。咫《あた》は、親指と中指を広げたくらいの長さのこと。八は、数が多いことを意味しますので、とても大きなカラスだとわかります。古事記や日本書紀に記されたヤタガラスの特徴はそれだけです。ですが、古代中国の伝承では、太陽の中に三本足のカラスが住むとされ、その話が日本にも伝えられたことから、ヤタガラスもまた三本足だと考えられるようになりました。現在、ヤタガラスを神使とする熊野三山の神社（熊野本宮大社・熊野速《はや》玉《たま》大社・熊野那智大社）では、ヤタガラスを三本足であらわしています。そしてサッカーの日本代表のエンブレムも三本足のヤタガラスになっていますね。ボールをゴールへと導くには、二本足より三本足のほうがふさわしいのかもしれません。

トビ

◎金の鵄

天皇を救ったトビ

「金鵄《きんし》」という言葉が社名や商品名に使われることがあります。かつては、功績を収めた軍人に与えられる勲章の名前にもなっていました。「金鵄」つまり「金のトビ」ですが、正直地味な存在のトビが、なぜ金色で、しかもかなりいいイメージを持たれているのか。その理由は、神話の世界にありました。日本書紀では、金色のトビが現れ、神武天皇《じんむてんのう》の危機を救ったと記されています。

カムヤマトイワレビコは、刃向かうナガスネビコとの戦いに苦慮していました。そんなとき、いきなり空が暗くなり、雹《ひょう》が降り出します。すると雲のなかから稲妻のように光り輝く金色のトビが飛び出してきて、カムヤマトイワレビコの弓の先端に止まりました。すると敵のナガスネビコたちは、目がくらみ、方角もわか

らなくなり、大混乱に陥ります。もう戦う気力もなくしてしまいました。
こののちカムヤマトイワレビコは初代の天皇・神武天皇となります。金のトビは、その功労者です。戦う気力をなくすわけですから、人を傷つけることなく勝利をもたらす、平和的な鳥ともいえるでしょう。

金の鵄の物語

時に忽然にして天陰けて雨氷ふる。乃ち金色の霊しき鵄ありて、飛び来りて皇弓の弭に止れり。その鵄光り曄煜きて、状流電の如し。これによりて、長髄彦が軍卒、皆迷ひ眩えて、復力め戦はず。長髄は是邑の本の号なり。因りて亦以て人の名とす。皇軍の、鵄の瑞を得るにいたりて、時人よりて鵄邑と号く。

日本書紀／巻三／神武天皇即位前紀戊午年十二月

古代文化

鳥

◎白い鳥

鳥が運ぶ生と死

悲劇の英雄という言い方があるように、すぐれた英雄は、ときにその強さ故に孤独であったり、悲惨な最期を遂げたりします。日本の英雄ヤマトタケルは、父である景行天皇《けいこう》に命じられ、九州の熊襲《くまそ》征伐に続き、東国《とうごく》の征討を命じられます。「父は自分を死ねばいいと思っているのだろうか」という思いを抱えながらヤマトタケルは戦いを続けました。そして伊吹山《いぶきやま》の神を討ちに出かけ、神の降らせた氷雨に打たれて身体が弱り、亡くなっていきます（三〇頁、四〇頁）。大和からかけつけた妻子たちが、ヤマトタケルの御陵《ごりょう》の前で嘆いていると、そこから大きな白い鳥が現れ、飛んでいきました。ヤマトタケルの魂が白い鳥となったのでしょう。皆が必死に追いかけていくと、河内国（今の大阪府）にたどり着きました。そこにあらためて御陵をつくりました。

鳥はどこからともなく飛んできて、またどこかへと飛んでいきます。別の世界と行き来ができるため、魂の運び手と考えられていました。コウノトリが赤ちゃんを運んでくるというのも、同じ発想でしょう。

白い鳥の物語

是に倭に坐す后等及御子等、諸下り到りて、御陵を作り、即ちそこの那豆岐田に匍匐ひ廻りて、哭爲して歌曰ひたまひしく、

なづきの田の　稲幹に　稲幹に
匍ひ廻ろふ　野老蔓

とうたひたまひき。是に八尋白智鳥に化りて、天に翔りて浜に向きて飛び行でましき。

古事記／中巻／景行天皇倭建命の薨去

鶏

◎常世《とこよ》の長鳴鳥《ながなきどり》

鶏鳴太陽神を呼びだす

夜明けがくると高らかにコケコッコーと鳴く鶏。その習性を逆に利用して、太陽を呼び出そうとする話があります。

太陽の神アマテラスは、弟スサノオの乱暴の恐ろしさを見かねて、天の岩屋に閉じこもってしまいました。太陽神が隠れたので、天地が暗闇となり夜が明けない状態になります。するとあらゆる災いが起こり出しました。神々は集まって相談をし、天の岩屋の前で祭を行うことにします。そのはじまりが「常世の長鳴鳥」の鳴き声です。常世とは、海の向こうの世界のこと。神々は別の世界から、とりわけ長く鳴く鶏たちを連れてきたのでしょう。鶏たちの鳴き声を合図に、鏡を造ったり、勾玉《まがたま》を造ったりと、祭の準備がはじまります。そしてアメノウズメがほとんど裸で踊り、神々の笑い声が響き渡ると、不思議に思ったアマテラスが岩屋の戸を開きました。するとたちまち光が戻り、世界は明るく照らされました。

二〇年に一度の伊勢神宮の遷宮《せんぐう》では、新しい社殿に神をお移しするとき、鶏鳴《けいめい》三声《さんせい》といって、この神話に由来する鶏の鳴き声を模す儀式が行われています。

常世の長鳴鳥の物語

ここを以ちて八百万の神、天安の河原に神集ひ集ひて、高御産巣日神の子、思金神に思はしめて、常世の長鳴鳥を集めて鳴かしめて、天安河の河上の天の堅石を取り、天の金山の鐵を取りて、鍛人天津麻羅を求ぎて、伊斯許理度売命に科せて鏡を作らしめ、玉祖命に科せて、八尺の勾玉の五百津の御須麻流の珠を作らしめて、

古事記／上巻／高天原神話天の石屋戸

雉

◎鳴女《なきめ》

命取りになった鳴き声

雉の鳴き声というと一般的には、「ケンケン」と表現されます。この鳴き声が悪い声だと思われたために殺されてしまった雉がいます。

あるときアマテラスは、葦原中国《あしはらのなかつくに》を自分の子に治めさせようと、オオクニヌシに国譲りをせまる使者を送ります。その使者アメノホヒは、オオクニヌシに寝返ってしまいました。八年経っても報告のないアメワカヒコにアマテラスたちは事情を尋ねる使者を送ることにします。抜擢されたのが雉の鳴女。鳴女はアメワカヒコのもとへ行き、事情を尋ねました。ところがその場に居合わせたアメノサグメが、「声の悪い鳥だ。殺しなさい」と勧めたのです。アメワカヒコは雉を矢で殺してしまいます。使いに行ったまま帰らなかったので、この話から「雉のひた使い」ということわざが生まれたといいます。また、原因を作ったアメノサグメは、嘘を言って混乱させるアマノジャクのことだといいます。
「雉も鳴かずば打たれまい」ということわざがありますが、もっと美しい鳴き声であったら、雉が射殺《いころ》されることもなかったのかもしれません。

鳴女の物語

ここに鳴女、天より降り到りて天若日子の門なる湯津楓の上に居て委曲に天つ神の詔りたまひし命のごと言ひき。ここに天佐具売、この鳥の言ふことを聞きて天若日子に語りて言ひしく「この鳥はその鳴く音甚悪し。かれ射殺すべし」と云ひ進むる。即ち、天若日子、天つ神の賜へりし天之波士弓、天之加久矢を持ちてその雉を射殺しき。

古事記／上巻／天若日子

鳥

◎雁、サギ、カワセミ、雀

葬儀の段取りは鳥におまかせ

葬儀はなにかと人手がいるものです。それは神話の世界も同じのようです。日本で最も古い葬儀についての記事は、古事記のアメワカヒコの葬儀のものです。そこでは雁、サギ、カワセミ、雀、雉といったさまざまな鳥たちが登場し、活躍をしました。

アメワカヒコは、もともと地上を治めるオオクニヌシに国を譲るように求めるため派遣された使者でした。ところが自分がオオクニヌシに変わって王になろうと、オオクニヌシの娘と結婚をし、天の神々を裏切ってし

雁、サギ、カワセミ、雀の物語

ここに天なる天若日子の父、天津国玉神またその妻子聞きて、降り来て哭き悲しみて、乃ち其処に喪屋を作りて、河鴈を岐佐理持とし、鷺を掃持とし、翠鳥を御食人とし、雀を碓女とし、雉を哭女とし、かく行ひ定めて、日八日夜八夜を遊びき。

古事記／上巻／天若日子

まいます。それが前に紹介した鳴女《なきめ》の神話です。アメワカヒコは鳴女を殺したため、天の神が投げ返した矢で殺されてしまいました。天にいた彼の妻子たちは地上にやってきて、葬儀を行うための建物である喪屋《もや》を作ります。そこで雁が食事を運ぶ役をし、サギが箒を持ち、カワセミが調理人となり、雀は臼で米をつく女性になり、そして雉が葬儀で泣く女性の役をしました。こうして彼らが活躍するアメワカヒコのための儀礼は八日八晩続きました。

そうしていると、アジスキタカヒコネという神が弔問にやってきました。この神は、なんとアメワカヒコそっくり。天からやってきていたアメワカヒコの家族は、「死んでいなかったのですね！」とアジスキタカヒコネに取りすがって泣きました。間違えられたアジスキタカヒコネは、「親友だから弔問に来たのに、死人と間違えるとは！」と怒って、喪屋を剣でめちゃくちゃにして去っていきました。

どこからかやってきて、またどこかへと去っていく鳥は、魂の運び手と考えられていました。そんな鳥だからこそ、葬儀の手伝いをすることになったのでしょう。鳥たちのなかで雁とカワセミ、雀は食事に関わる役割を与えられています。

人が亡くなると、いまでも枕飯《まくらめし》といって死者のためのご飯が炊かれ、供えられます。それは、普通の人が食べるものとは異なり、ふんわりとではなく固く盛りつけられたり、箸を突き立てられたりします。死者は死者のための食事を供えられることによっても、死者となっていくということでしょう。そして箒とは、魂をあの世へと送り出す、はき出すという意味を持っているといわれています。このような葬儀の様子は、古代の人々の死に対する考えを知る貴重な材料です。

ところで、死の判断とは難しいものです。古代にあっては、死んだと思っていたけれども実はそうではなかったということもあったかもしれません。死んでも、よみがえるかもしれないとも考えていたでしょう。魂を運ぶ鳥たちによる葬儀は、死者を送るという意味だけではなく、戻ってきて欲しいという願いも込められていたのではないでしょうか。アメワカヒコそっくりのアジスキタカヒコネが現れたときに、「死んでいなかったのですね！」と家族たちが思ってしまったのは、生き返る可能性があると思っていたからだと考えられるでしょう。

神の味方

セキレイ

◎セキレイ

神カップルに子づくり指南

日本で最初のカップルはイザナキとイザナミです。最初ということもあり、二人はどのようにして性交をして子をもうけたらいいかわかりませんでした。そんな二人に教えてくれたのがセキレイです。

セキレイは、胸を張ったような格好をしており、尾がすっと長く伸びたすっきりとした姿をしています。その尾を上下に揺り動かすのが特徴です。

イザナキとイザナミが、お互いに「なんて素敵な男性なんでしょう」、「なんて素敵な女性なんだろう」と声を掛け合いながらも、どうしたらいいかわからずにいると、そのセキレイが飛んできて、首と尾を揺り動かしました。その様子を見たイザナキとイザナミは、まねをし、性交の術を知ることとなりました。

イザナキとイザナミから日本の島々や自然界、神々が生まれていきます。そのきっかけを作ったセキレイは、別名「オシエドリ」とも呼ばれます。二神の結婚の伝承地に淡路島のおのころ神社があります。境内にはセキレイが止まったという鶺鴒石《せきれいいし》があり、その石に良縁を願う人が後を絶ちません。

セキレイの物語

すなはち陽神先づ唱へて曰はく、「美哉、善少女を」とのたまふ。遂に合交せむとす。しかもその術を知らず。時に鶺鴒ありて、飛び来りてその首尾を揺す。二の神、見して学ひて、すなはち交の道を得つ。

日本書紀／神代上第四段（一書第五）

古代文化

鳥

◎白鳥

白鳥の物語

伊久米の天皇のみ世、白鳥ありて天より飛び来たり、僮女となりて夕に上り朝に下る。石を摘ひて池を造り、そが堤を築かむとして徒に日月を積みて、築きては壊えて、え作成さざりき。僮女等、

白鳥の　羽が堤を
つつむとも
粗斑・真白き　羽壊え……

かく口口に唱ひて天にのぼりて、また降り来ざりき。

風土記／常陸国風土記／香島郡

古代にもいた変身美少女

ヤマトタケルの魂が死後白い鳥となって飛んでいったり（一二四頁）、また白い鳥が餅に変化する（一四八頁）など、白い鳥というのは、なにか不思議な現象と関わったり、人間にとって吉事をもたらしたりすると思われていたようです。キリスト教でも、白い鳩は聖霊の現れです。清浄な白い色の鳥は、やはり特別な力を持つと思われていたのでしょう。

常陸国《ひたち》には、白鳥《しらとり》の郷《さと》という場所があるそうです。その土地の言い伝えでは、白鳥が天から飛んできて、少女たちに姿を変えたといいます。その少女たちは、夕方になると天に昇っていき、また朝になると地上に降りてきます。地上では、石を拾ってきては積み上げて、池を造り、その堤を造ろうとしました。しかし、その堤は築いては壊れ、築いては壊れてしまい、なかなかできません。とうとう少女たちは口々に「白鳥が羽で堤を造ろうとしても……」と歌い、空に昇っていってしまいました。少女たちの歌は、途中までで後半部は残っていませんが、おそらく堤を造ろうとしたのにうまくいかなかったことを嘆いたのでしょう。そうしてこの土地は白鳥の郷と称されることになったそうです。うまくいきませんでしたが、白鳥が良いものをもたらそうとしてくれた話だったということができます。

このように白い鳥が女性となって地上にやってくるという話は、白鳥処女説話などと呼ばれ、ほかの神話や昔話にも出てきます。羽衣《はごろも》の話に結びついて羽衣伝説と呼ばれることもあります。

近江国風土記に伝えられていた話として、現在の滋賀県の余呉湖《よごこ》のほとりで起こった不思議な出来事があります。あるとき、湖のほとりに天から白鳥になった八人の乙女がやってきて水浴びをしていました。伊香刀美《いかとみ》という人物が、西の山のほうから白鳥がやってくる様子を見ていて、これは不思議なことだ、神のようなものではないかと思い、近寄ってみると、たしかに神々しい。伊香刀美はその姿に恋心を抱き、立ち去ることができなくなってしまいました。彼は連れていた白い犬をけしかけ、乙女の羽衣を一つ盗ませます。すると気配を察した七人の乙女たちは慌てて天に帰っていきますが、一番年下の乙女だけが羽衣がなくて飛び去ることができませんでした。その乙女は地上の人となって伊香刀美の妻となり、男の子を二人、女の子を二人産みました。彼らは伊香連《いかごのむらじ》という氏族の祖先となります。乙女は、というと、後に天の羽衣を見つけ出し、それを着て天へと昇っていきました。一人残された伊香刀美は、ずっと嘆いてばかりいたといいます。

白鳥は、天女が地上と行き来をするための姿なのでしょう。そして羽衣とは白鳥になるために必要な物ということができます。白い鳥が青い空を飛んでいく姿は美しいものです。見かけたときに、天女がやってきたのかな、と考えてみるのも楽しいですね。

雉

◎雉

雉は意外と頼りになる

猿、犬と桃太郎と鬼退治に行く鳥といえば雉。猿や犬は頼りになりそうですが、雉は少し意外かも。じつは雉が頼れる味方である話が神話にあります。

常陸《ひたち》国に、仲の良い兄と妹がいました。二人は「遅くなると神の災いがあるぞ」と言い合いながら一緒に田植えをしていました。田植えは妹のほうが遅れてしまいます。すると雷が鳴り、雷神が妹を蹴り殺してしまいました。兄の嘆きようは大変なもので、絶対に敵《かたき》を討ってやると誓います。しかし雷神の居場所がわかりません。そこに一羽の雌の雉が飛んできて兄の肩に止まりました。兄はその雉の尾に麻糸をくくりつけました。雉は飛び立って伊福部《いふくべ》の丘の岩屋に導きます。そこには雷神が寝ていました。兄は、雷神を斬り殺そうと刀を抜きますが、雷神は「今後あなたの一族には落雷をしませんから許して下さい」と頼みます。兄は雷神を許すことにし、また案内をしてくれた雉への恩を忘れないことを誓いました。この後、土地の人々は、雉を食べることをやめたそうです。
日本の国鳥は雉。今も日本を代表する鳥として息づいています。

雉の物語

その時雷鳴りて妹を蹴殺しつ。兄大に歎きて、恨みて、仇を討たんとするに、その神の所在を知らず。一の雌雉飛び来たりて肩の上に居たり。績麻をとりて雉の尾に繋けたるに、雉飛びて伊福部の岳に上りぬ。又その績麻をつなぎて往くに、神雷の臥せる石屋にいたりて、大刀を抜きて、神雷を斬らんとするに神雷懼れをののきて助からんことを乞ふ。

風土記／常陸国風土記逸文／績麻

翼のある人

◎羽白熊鷲《はしろくまわし》

荒ぶる鳥人間

神が蛇やサメに姿を変えたり、坂の神が鹿になったり（三八頁）、変幻自在な日本の神話の世界ですが、なぜか少ないのが半人半獣のキャラクターです。ギリシャ神話の半人半馬のケンタウロスや牛頭人身のミノタウロス、人の上半身に山羊の角と下半身をもつパンのような登場人物は珍しく、日本書紀に出てくる翼のある人間、羽白熊鷲は数少ない半人半獣です。彼が登場するのは、仲哀天皇《ちゅうあいてんのう》の妻である神功皇后《じんぐうこうごう》が、天皇の死後に政務を執っていたときのこと。皇后は、九州で朝廷に従わない熊襲《くまそ》を平定していました。平定を終えた後、荷持田村《のとりたのふれ》というところに羽白熊鷲という翼があって、高く飛ぶことができ、性格も猛々しい者がいるとわかります。彼は略奪や誘拐を繰り返し、人々を困らせていました。そこで神功皇后は彼を討つことを決め、挙兵をして討ち殺しました。皇后は、「これでわたしの心は安らいだ」と言い、その土地を「安《やす》」と名付けたそうです。
肥前国風土記の蛇頭人身（七二頁）もそうですが、他の動物と混ざった異形の者は、秩序に従わない、縁起の良くないものと思われていたようです。

羽白熊鷲の物語

また荷持田村に、羽白熊鷲といふ者あり。その人となり、強く健し。また身に翼ありて、能く飛びて高く翔る。ここをもて、皇命に従はず。毎に人民を略盗む。戊子に、皇后、熊鷲を撃たむと欲して、橿日宮より松峡宮に遷りたまふ。

日本書紀／巻九／神功皇后摂政前紀

トンボ

◎蜻蛉《とんぼ》

日本はトンボが交っている形

トンボというと秋の風物詩。稲穂がにぎやかに実っているところに、たくさんのトンボが飛んでいる様子が思い浮かびます。今も古代も変わらぬ秋の実りを象徴するような景色です。古事記や日本書紀では、大和地方の呼び名として大倭《おおやまと》豊秋《とよあき》津《づ》島《しま》が登場します。アキヅとはトンボの古い呼称です。日本書紀は、神《じん》武《む》天《てん》皇《のう》が国を見て、「なんと素晴らしい国を得たんだろう。狭いが、まるでアキヅが交尾しているような形だ」といい、アキヅ島と呼ぶようになったと伝えています。もとは大和盆地を指す言葉でしたが、本州そのものの代名詞にもなりました。

第二一代の雄略《ゆうりゃく》天《てん》皇《のう》の話です。天皇はあるとき狩りをしていました。どこからかアブがやってきて腕を噛んでしまいます。するとそこにアキヅが飛んできて、アブをくわえて飛び去りました。それを見た天皇は、なるほどこの国はアキヅ島と呼ばれているのだなぁと歌い、その場所を「阿岐豆野《あきづの》」と名付けました。アキヅ、つまりトンボがとても良いイメージを持たれていたことを意味しますが、トンボまでもが天皇を助けるということを示すエピソードでもあります。

蜻蛉の物語

天皇御呉床に坐しましき。ここに虻御腕を咋ふ即ち、蜻蛉来てその虻を咋ひて飛びき。是に御歌を作みたまひき。その歌に曰ひしく、

み吉野の　をむろが嶽に　猪鹿伏すと　誰ぞ大前に奏す　やすみしし　わが大君の　猪鹿待つと　呉床に坐し　白栲の　衣手著具ふ　手腓に虻かきつき　その虻を　蜻蛉早咋ひ　かくの如　名に負はむと　そらみつ　倭の国を　蜻蛉島とふ

古事記／下巻／雄略天皇吉野

古代文化

雁

◎雁

「雁が卵を産む」はほめ言葉

雁は渡り鳥。寒さを避けるために故郷の北方から日本に秋に渡来し、春に北へと帰ります。そんな雁が日本で卵を産むという珍しいことがありました。

日本最大の前方後円墳「百舌鳥耳原中陵《もずのみみはらのなかのみささぎ》」に埋葬されているとされることでも知られる仁徳天皇《にんとくてんのう》の頃の話です。天皇が宴会を開こうとある島へ出かけたところ、なんとそこで雁が卵を産んだといいます。驚いた天皇は、建内宿祢《たけうちのすくね》という大変長生きの家臣を呼んできて、「お前は大和の国で雁が卵を産んだという話を聞いたことがあるか」と歌いかけました。すると建内宿祢は、「わたしはとても長く生きてきました。しかしそんな私でも大和で雁が卵を産んだとは聞いたことがありません」と言い、さらに琴をひきながら「あなたのご子孫がずっと国を治めることの証として雁が卵を産んだのでしょう」と歌いました。

仁徳天皇は、民が困窮しているときに三年にわたって、税を免除するなど、理想的な天皇であったと伝えられる人物です。そのめでたさを示すエピソードに使われるほど、雁の渡りは春秋の風物詩として根づいていたのですね。

雁の物語

ここに建内宿祢命を召して、歌を以ちて鴈の卵生みし状を問ひたまひき。その歌に曰りたまひしく、

たまきはる内の朝臣　汝こそは
世の長人　そらみつ　倭の国に
雁卵生と聞くや

とのりたまひき。是に建内宿祢、歌を以ちて語りて白ししく、

高光る　日の御子　諾しこそ
問ひたまへ　まこそに　問ひたまへ
吾こそは世の長人　そらみつ
倭の国に　雁卵生と未だ聞かず

古事記／下巻／仁徳天皇雁の卵の祥瑞

古代文化

鳥

◎白い鳥

鳥がイモになって降り注ぐ

秋も終わりになると、田んぼで鳥が落ち穂を食べている様子をよく見かけます。そうした情景と関わるのか、日本では、稲に代表されるような穀物を鳥がもたらしたという話があちらこちらで伝えられています。豊後《ぶんご》国風土記に伝わっているのは、鳥が芋に変身していくというなんともファンタジーな話です。

豊後国と豊前《ぶぜん》国がまだ一つの国だったとき、景行天皇《けいこうてんのう》がウナデにその国を治めるよう命じました。その国を訪れたところ、明け方に白い鳥が北から現れ、集まってきました。鳥たちは餅に姿を変え、さらに里芋に姿を変えました。その数は数千株ほど。花も葉も見事ににぎわっています。ウナデは、白鳥がイモに姿を変えたとは見たことがない。天皇の治世が素晴らしいことを意味するのだと思い、天皇に報告しました。天皇も大喜び。「これは土地の実りが豊かであることを意味するのだ。その国は豊の国と名付けよう」と言いました。

白い鳥と白い餅、そしてさらに餅が白い里芋と似ていることからの連想ではないかといわれていますが、鳥＝餅＝芋とは、思いもよらない発想ですね。

白い鳥の物語

明くる日の昧爽に、忽ちに白き鳥あり、北より飛び来たりて此の村に翔り集ひき。菟名手、やがて僕者に勒せてその鳥を看しむるに、鳥、餅となり、片時が間に、また、芋草数千許株と化りき。花と葉と冬も栄えき。菟名手、見て異しと爲ひ歓喜びて云ひしく、「化生りし芋は、未会より見しことあらず。実に至徳の感、乾坤の瑞なり」

風土記／豊後国風土記／総記・日田郡

鳥

◎白い鳥

白い鳥の物語

秦中家忌寸等が遠つ祖伊侶具の秦公、稲梁を積みて富み裕ひき。すなはち餅を用ちて的となししかば、白き鳥と化成りて飛び翔りて山の峯に居り、伊祢奈利生ひき。つひに社の名となしき。その苗裔に至り、先の過を悔いて、社の木を抜じて、家に殖ゑて祷み祭りき。今その木を殖ゑて蘇きば福を得、その木を殖ゑて枯れば福あらず。

風土記／山城国風土記逸文／山城国 伊奈利社

鳥になったお稲荷さん

お稲荷さんは、全国に三万社を越える社があり、また商店街にお祀《まつ》りされているような小さな祠《ほこら》や、個人の家でお祀りしている邸内社なども入れると、日本でもっとも多く信仰されている神さまといえます。お稲荷さんのお社の前にはキツネがつきもの。当然キツネの神様がいると思ってしまいますが、ややこしいことに、キツネは稲荷神の神使で、神様ではないのです。稲荷神はキツネではなく、実は鳥ととても関係が深い神です。

お稲荷さんの信仰は、京都の伏見稲荷大社に起源があります。そのはじまりの神話は、山城国《やましろ》風土記逸文という資料に記されています。

山城国に秦伊侶具《はたのいろぐ》という人がいました。とても裕福で、稲を積み上げています。あるときその稲を餅にし、さらに餅を的にして弓を射かけました。すると餅は白い鳥となって飛んでいき、山の峰へと向かいます。そしてなんと鳥が降り立ったところから稲が生えてきました。伊侶具は、「稲が成った」ことから、社を建て、

「伊奈利社《いなりしゃ》」と名付けました。彼の子孫も先祖が餅を的にしたということを悔いて、社の木を抜き、家に持ってきて祀りました。持ってきた木を植えて、根付けば福が得られ、枯れてしまえば福は得られないと伝えられています。

伊侶具が建てた伊奈利社が現在の伏見稲荷大社のことで、白い鳥が降り立った山が稲荷山です。お稲荷さんへの信仰は平安時代以降広く全国に広まっていきます。現在では「商売繁盛」を願われることの多いお稲荷さんですが、もともとは稲をもたらした神さまなので、五穀豊穣、農業の神さまでした。

似た話は豊後《ぶんご》国風土記にも伝えられています。田野という土地は、とても肥沃な土地でした。人々が水田にすると、よく稲が実ります。せっかくの稲ですが、食べきれない分はそのまま畝《うね》に置きっ放しにしていました。おごり高ぶった人々は、さらにその稲で餅を作って的にします。するとその餅は白い鳥となって飛び去っていきました。ほどなくその土地の人々は死に絶え、土地は荒れ果ててしまったといいます。

餅が白い鳥に変化したという点では、共通していますね。食べ物を粗末にしてはいけないということを語っているのでしょう。

さて、山城国風土記逸文の話のように稲をもたらしたり、また稲や餅そのものであるような存在を穀霊とか穀物神といいます。また稲穂をもたらす神なので、「穂《ほ》落神《おとしがみ》」ともいいます。鎌倉時代に編纂《へんさん》された伊勢神宮の由来を伝える「倭姫《やまとひめ》命世紀《みことせいき》」という資料があります。そのなかで、真鶴《まなづる》が神宮に向かって飛んでいき、ずっと鳴いているので倭姫が使いをやって見にいかせると、鶴は葦原《あしはら》のなかにいて、根元は一つなのに穂が八〇〇ほどの稲をくわえていたと伝えられています。この話も穂落神の話です。鳥は、霊魂を運ぶものと考えられていましたが、人の魂だけではなく穀物の魂も運ぶと思われていたのでしょう。穂落神の多くが鳥とされています。空を飛ぶ鳥を見ると思わず何を運んでいるのかと考えるようになります。

海外の神話のいきもの事情

前のコラムで日本の神話に猫が登場しないと書きましたが、海外の神話には登場します。たとえばエジプト神話のバステトという女神は、人間の身体に猫の顔という姿。どうやら母性や豊かさと関わる女神だったようで、この女神への信仰から、猫の像や猫のミイラも作られ、神殿に捧げられました。また、猫は北欧神話の愛と美の女神フレイヤとも関係が深く、彼女はいつも猫を連れていたり、猫の引く車に乗っていたりします。

ライオンも、日本の神話では見かけませんが、海外の神話ではよく登場します。古代オリエントやギリシャの神話では、英雄と戦う相手としても、神としても描かれます。エジプトでは、女神のセクメトの頭がライオンです。

中南米ではジャガーが神とされました。アステカの神話には、神がジャガーに変身をして争う話があります。強い動物の象徴だったのでしょう。

一方で、地域を越えて似たようなイメージで登場する動物もいます。わかりやすいのは蛇でしょう。日本でもヤマタノオロチなど恐ろしいいきものの代表ですが、古代のヒッタイトには蛇形の怪物イルヤンカ、ギリシャ神話には猛毒を持つ多頭の蛇ヒュドラや、無数の蛇の髪をもち、一目見た者を石に変えてしまうメデューサもいます。

意外なところでは、猪も世界的に登場します。しかも、美しい男性と関わるという共通点があります。北欧神話のフレイヤの兄で美男の神フレイは、いつもグリンブルスティという金毛のイノシシを乗り物にしています。ギリシャ神話でアフロディテが愛した美少年アドニスは、猪に突かれて死んでしまいました。日本の神話では、美男子オオクニヌシも「猪のような」焼けた石を受け止めたために亡くなっています。なぜ美男子と猪が結びつくのか、考えてみたい謎です。

索引

【いきもの】主に登場するいきものの種類から調べる

【神・人】 主に登場する神・人から調べる

【海外のいきもの・神】 主に登場するいきもの・神から調べる

著　平藤 喜久子　ひらふじ・きくこ

1972年、山形県生まれ。國學院大學教授。専門宗教文化士。専門は神話学、宗教学。とくに日本において、神話がどのように読まれ、どのように扱われ、どのように描かれてきたのかについて研究を行っている。主な著書に『神社ってどんなところ？』（筑摩書房）、『日本の神様と楽しく生きる』（東邦出版）、『日本の神様 解剖図鑑』（エクスナレッジ）、主なテレビ出演に『趣味どきっ！ 福を呼ぶ！ ニッポン神社めぐり』（NHK Eテレ）講師など。

絵　ホリ ナルミ

札幌市出身。大学では版画を学び、卒業後DTPデザイナーとして勤務。2013年より埼玉県でカフェ店員をしながらイラストレーターとして活動開始。現在は札幌市に戻りフリーランスのイラストレーターとして、書籍や雑誌・Web・広告・グッズなどのイラストを制作している。著書に『猫ヲ読ム　文筆家・漫画家が綴る、ネコセトラ』（雷鳥社・共著者：谷口香織）がある。

いきもので読む、日本の神話

身近な動物から異形のものまで集う世界

2019（令和 元）年　7月31日　初版第1刷発行

著者	平藤 喜久子
発行者	錦織 圭之介
発行所	株式会社東洋館出版社
	〒113-0021　東京都文京区本駒込5-16-7
	営業部　TEL 03-3823-9206 ／ FAX 03-3823-9208
	編集部　TEL 03-3823-9207 ／ FAX 03-3823-9209
	振替　0018-7-96823
	URL　http://www.toyokanbooks.com

装丁・本文デザイン	micro fish（平林 亜紀）
絵	ホリ ナルミ
編集	micro fish（酒井 ゆう、北村 佳菜）
校閲	パルフェ校閲室（室田 弘）
印刷・製本	藤原印刷株式会社

ISBN978-4-491-03730-1